图 6 耳棚外种植蔓藤豆类遮荫

图 7 耳棚内宽距架层摆袋长耳方式

图 8 荫棚内露地摆袋长耳方式

图 9 营养罐工厂化安全栽培

图 10 安全罩袋无公害栽培

图 11 作者倪桂锋（右）发明安全容腔培养绿色食品银耳获专利

图 12 培养料机械搅拌

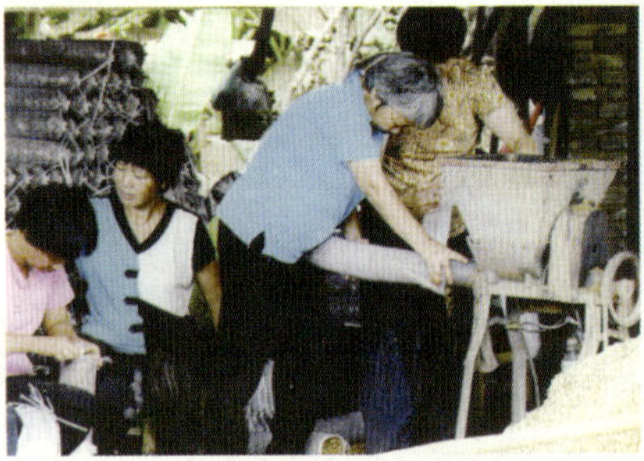

图 13 培养料机械袋装

图 14 料袋打接中穴

图 15 穴口胶封胶布

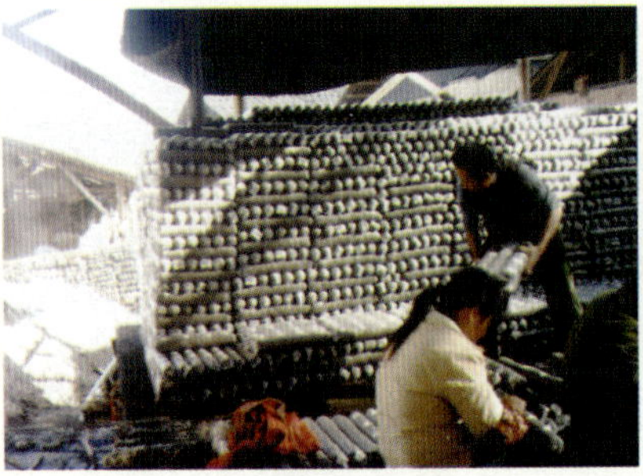

图 16 料袋叠放灭菌灶上

图 17 灶上罩蓬高温灭菌

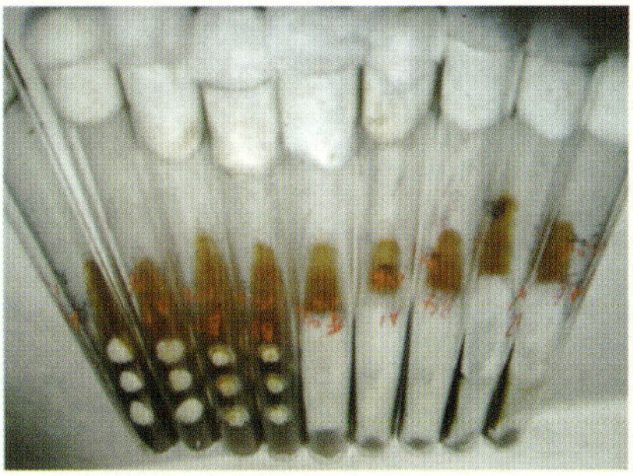

图 18 试管母种：银耳纯白菌（左），香灰菌（右）

图 19 三个级别菌种：木屑母种（左），原种（中），栽培种（右）

图 20 作者江寿根在观察银耳菌种

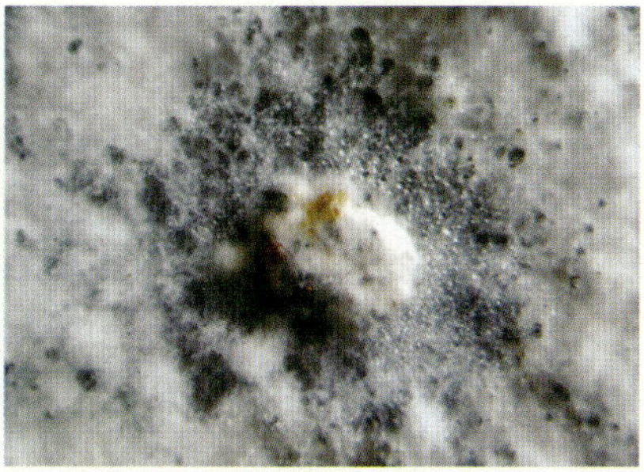

图 21 原基形成表现

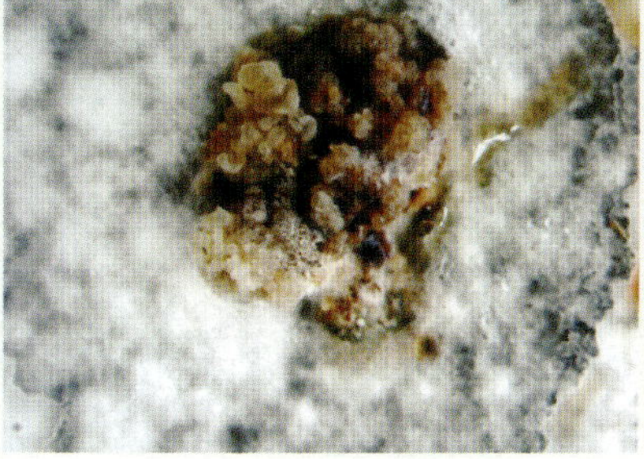

图 22 幼耳分化现状

图 23 子实体发育成形

图 24 袋旁划线增氧操作

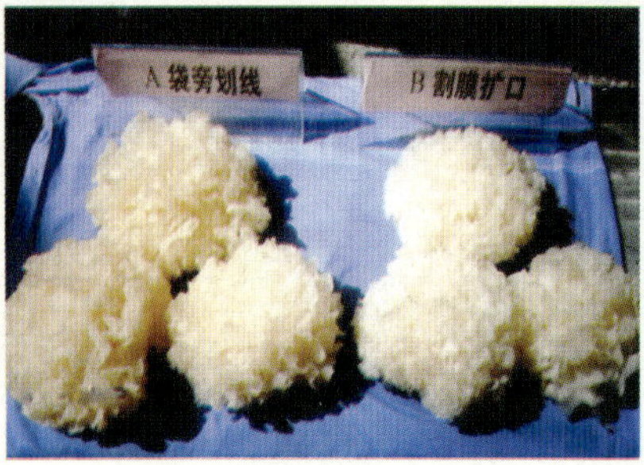

图 25 袋旁划线与割膜扩穴两种工艺产品朵形对照

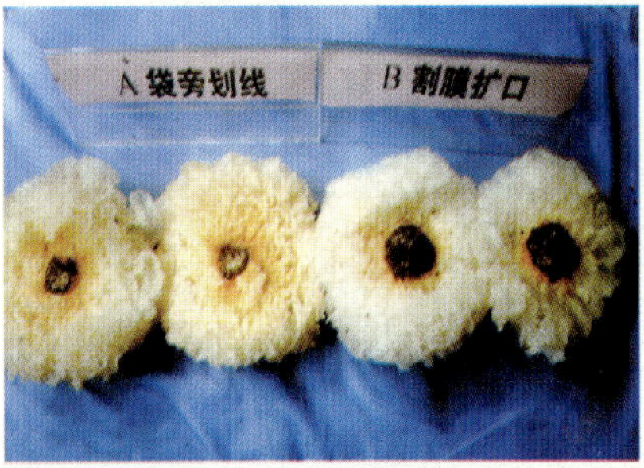

图 26 两种不同工艺增氧蒂头大小对照

图 27 采收后清理耳蒂

图 28 浸泡摆放烘干筛上

图 29 上机脱水烘干

图 30 加工产品库内集堆

图 31 产品装车起运

图 32 标准化耳房

图 33 傍山依水耳房

图 34 野外简易耳房

图 35 原料切碎机

图 36 培养料搅拌机

图 37 培养料装袋机

图 38 废菌袋脱膜破碎分离机

图 39 银耳干品

图 40 产品分级工场

图 41 不同包装方式

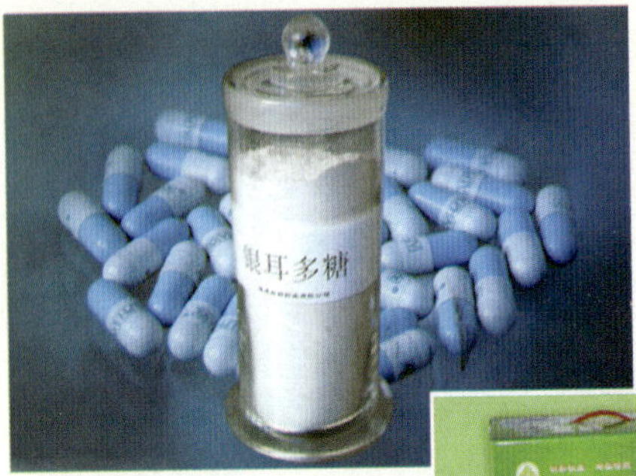

图 42 银耳多糖

图 43 银耳茶

图 44 冲泡即食银耳汤

图 45 废菌袋收集

图 46 菌渣生料畦栽竹荪

图 47 菌渣袋栽培金针菇

新农村建设致富典型示范丛书

银耳产业化经营致富

——福建省古田县大桥镇

编著者
陈夏娇　江寿根
倪桂锋　陈建江

金盾出版社

内 容 提 要

本书系新农村建设致富典型示范丛书之一。内容包括:事迹简介、产业化经营理念与践行、产业化经营基础条件、产业化经营菌种制作、安全高效栽培技术、病虫害无公害防治技术、产品加工与质量认证、产品市场营销等。事迹突出,内容新颖,技术先进,针对性与可操作性强,适合于有志于食用菌产业致富的广大农民和菇农及科技人员阅读,对农林院校相关专业师生和科研人员亦有参考价值,还可作为职业技能培训教材。

图书在版编目(CIP)数据

银耳产业化经营致富:福建省古田县大桥镇/陈夏娇,江寿根,倪桂锋等编著. -- 北京 :金盾出版社,2010.6
(新农村建设致富典型示范丛书)
ISBN 978-7-5082-6271-0

Ⅰ.①银… Ⅱ.①陈…②江…③倪… Ⅲ.①银耳—产业经济学—研究—古田县②银耳—蔬菜园艺 Ⅳ.①F326.13 ②S567.3

中国版本图书馆 CIP 数据核字(2010)第 039425 号

金盾出版社出版、总发行
北京太平路5号(地铁万寿路站往南)
邮政编码:100036 电话:68214039 83219215
传真:68276683 网址:www.jdcbs.cn
北京金盾印刷厂印刷
北京东杨庄装订厂装订
各地新华书店经销
开本:787×1092 1/32 印张:6.75 彩页:8 字数:142千字
2010年6月第1版第1次印刷
印数:1~10 000册 定价:12.00元

前　言

改革开放30多年来，我国农业生产发生了巨大变化，党和政府对“三农”的重视，有力地促进农业产业化建设的发展。在新形势的推动下，大桥镇银耳生产迅速发展成为福建省古田县地方优势的特色农业，在发展农村经济建设，特别是山区农民脱贫致富奔小康过程中，发挥了重要作用。

大桥镇地处闽东山区，又是移民库区，人多地少，银耳生产已成为当地主导产业。镇党委和政府在加速海峡西岸经济区建设中，践行科学发展观，抓住机遇，立足特色，发挥优势，制定了“以菌兴镇，银耳富民”的战略方针；瞄准“一镇一品”银耳这一特色产品，切实加强领导，财政扶持，着力改变原有小农散户，小量生产方式；发动群众深入探索创新，把社会化生产引向无公害、绿色为目标的专业化、规范化、产业化经营轨道上跨越发展，并在这方面做了很多有益的探讨和实践，促使银耳生产有序进行，得到了良性发展。现在全镇从事银耳生产及相关行业的人口，占人口总数的60.5%，实现了银耳年产“万吨镇”。一业兴起，带动了科研、生产、加工、营销等整个产业链的兴旺，促进了农村经济的发展。

党的十七届三中全会通过的《关于推进农村改革发展若干重大问题的决定》中指出“发展现代农业，必须按照高产、优质、高效、生态、安全的要求，加快转变农业发展方式，推进农业科技进步和创新”，这为我们今后的发展指明了方向。大桥镇银耳产业化经营，初见成效，但与新形势发展的要求尚有差距，仍需继续努力朝着高产、优质、高效、安全方向发展，进一步把银耳产业做大做强。

承蒙金盾出版社的重视，把大桥镇银耳产业化经营列为“新农村建设致富典型示范丛书”，得到古田县老科协食用菌分会会长丁湖广高级农艺师的支持，组织专家深入调研，总结经验，编写了这本《银耳产业化经营致富——福建省古田县大桥镇》的小册子。希望能对广大读者提供有益的启示，更好地发展银耳产业，争取理想的经济效益，早日实现小康，这是我们最大的心愿！

叶启亮

（福建省古田县大桥镇党委书记）

目　录

一、中国银耳产业化经营第一镇

“中国食用菌之都”福建省古田县大桥镇，地处县境中部，位于风光秀丽的翠屏湖畔，总面积 202 千米^2，总人口 4.3 万，占全县人口 1/10。1958 年这里农民为了建设中国第一个地下式古田溪水电站，献出赖以生存的耕地，现人均仅有耕地 808 米^2(1.27 亩)。面对现实，镇党委和政府充分利用水库区域的地理气候优势，制定“以菌兴镇、银耳富民”的战略方针，抓住“一镇一品”的银耳这一特色产业。

大桥镇现有从事银耳生产及相关行业的人口 2.6 万人，占总人口的 60.5％。出现了“千家万户银花开，不尽财源滚滚来”，一业兴，带动相关行业兴旺发达的新景象。近年来，每年银耳栽培量稳定在 1.5 亿～2 亿袋，2009 年实现了银耳年产量 1.39 万吨；银耳产业总产值 5.59 亿元，占农业总产值 70％；产品远销国内 16 个省、自治区、直辖市，并出口东南亚、欧洲、美洲 27 个国家和地区，成为闻名遐迩的“中国银耳产业化经营第一镇”。

（一）播银纳金　广开财源

1. 银耳专业村遍布

有规模才有商品量，有基地才能提升产业。镇辖 36 个行政村，围绕着“吨耳”户、“千吨”村、“万吨”镇这个目标去努力。现有银耳专业村 23 个，占全镇行政村的 91.6％。根据海拔高低，地理气候差异，专业村划成3个生产区域，500米以下的平川村和500～600米半山区村，以春、秋两季自然气温栽培；600米以上高山区，采取反季节夏栽，形成全镇银耳周年制产业化栽培的新格局。

这批银耳专业村，有80%以上农户，直接从事这种“播金种银”专业，其年产量一般均超“百吨”。其中大桥、苍岩、沂洋、沽洋、瑞岩等村达到“千吨村”。苍岩村236户，从事银耳栽培户占全村总户数的80%，建有栽培房1400个；每年栽培2400万袋，产银耳干品1800吨，平均户产7.6吨。瑞岩村250户，其中215户从事银耳生产，占86%，建有菇房600个；每年栽培1500万袋，产出银耳干品1128吨，平均户产银耳干品5.3吨。此类典型不胜枚举。

2. 银耳制种集群一条街

菌种生产是银耳产业化经营的基础保证。随着银耳生产的发展，制种专业成为当地农民致富的一个门路。全镇从事银耳制种专业的厂(场)、所28家。在通过高山银场公路的桥头地段，集群形成菌种生产一条街。这批制种专业的单位和专业户，从母种分离、原种繁殖，到栽培种生产，全程均能独立操作，并按法定领取《菌种生产经营许可证》。每年就地生产供应银耳菌种400多万瓶，满足全镇菇农栽培银耳生产所需的菌种。同时，为周边的卓洋、吉巷、泮洋等乡镇和省内的屏南、闽清、建阳等县，以及省外湖南、四川、安徽、江苏、山东、湖南等省提供了种源。菌种专业化，有力地推进银耳生产经营的深入发展，并开辟了一条农民生财致富门路。仅菌种生产1个专业，年产值达560万元，菌种经营每年创收200多万元。

3. 产品市场占有额

大桥镇银耳产品，在国内市场占有较大的份额。据有关资料显示：2009 年全国银耳产量达 2.7 万吨干品，其中福建省为 2.5 万吨，占全国总产量的 92.5%。此外，江苏、河南、湖南、山东、湖北、四川等省亦有少量生产。福建银耳主产区古田县，年产量达 2.3 万吨，占全省总产量的 90%以上，被誉为"中国银耳之乡"，而大桥镇银耳产量占古田县总产量的 40%左右。

"古田银耳"1995 年获第二届中国农业博览会金奖，1999 年获中国(国际)农业博览会名牌产品称号，2001 年获国家商标局批准注册证明商标，2004 年被国家质监总局授予"中华人民共和国地理标志保护产品"。这一系列的荣誉，为古田县银耳戴上堂皇的桂冠，为产品行销国内和走向世界市场，创造了十分有利的条件。

4. 出口外贸独领风骚

据海关总署统计资料显示：2008 年我国银耳干品出口 1801 吨，创汇 1542 万美元，平均每吨干品 8560 美元。产品远销东南亚、欧、美等 27 个国家和地区。这其中 90%都是古田银耳，而大桥镇银耳出口额占 1/2。古田银耳在国际市场上独领风骚。为了便于了解我国银耳产品出口状况，这里根据《2007 年食用菌产业发展高峰论坛》资料，我国银耳产品出口国别(地区)，见表 1-1。

表 1-1　银耳干品出口国别(地区)一览表

国　别	数量(千克)	金额(美元)	国　别	数量(千克)	金额(美元)
美　国	20.347	106.060	阿拉伯	750	5250
日　本	126.659	1022.256	荷　兰	894	7796
越　南	123.224	2464.192	毛里求斯	240	2760
泰　国	500.246	3353.942	苏里南	100	451
印　尼	66.040	444.581	秘　鲁	5	15
新加坡	33.285	201.316	英　国	18	95
澳大利亚	8.583	42.441	比利时	80	556
马来西亚	64.639	340.589	几内亚	50	193
加拿大	4.246	18.082	以色列	340	1445
韩　国	5.942	45.300	文　莱	100	700
乌克兰	1.350	6.760	香　港	831.44	4198.935
立陶宛	1.237	8.192	澳　门	13.130	122.148
法　国	1.554	11.046	台湾省	66.050	437.372
意大利	100	680			

5. 农民经济收入可观

当地民谚“要赚钱,栽培银耳最兑现”、“要想住洋楼,种好银耳不用愁”。银耳产业的发展与提升,给地方经济带来可持续发展,给农民创造了丰厚的收入,盖起了新房,修通了道路,加速实现小康。2009 年全镇农村人均收入 6700 元,其中银耳产业有关的人均收入 4733 元,占整个纯收入的 70.6%。金坑里村菇农李金相,2008 年在高海拔山区的珍山村反季节栽培银耳,20 个菇房 1 批栽培 7 万袋,获利 10 万元,平均每袋获利1.43元。苍岩村姚建炎投资36万元，建造标准化菇房12个，1年栽培银耳6批计30万袋，收入突破30万元。大桥村菇农张招茂建造可控温的菇房4个、草棚6个，1次接种栽培银耳3万袋，全年生产6批栽培18万袋，获利20万元左右。

在大桥镇20世纪80年代银耳生产初兴之时，“万元户”成了媒体登报、领导上门访问“致富冒尖户”的典型。如今“万元户不算数，10万元才起步，百万富翁才称富”。

6. 转型经商走南闯北

银耳产业化经营的形成，一批有经商头脑的农民，从生产、加工转向营销银耳生产所需的原辅料材料和银耳产品。分别成立有专业合作社、购销部、批发站、经纪人，他们发挥地方银耳生产资源优势，把产品源源运销全国大中城市，有的在城市建立银耳产品零售、批发部及派送公司。产品行销南至广州、深圳、珠海、海南，北至黑龙江、辽宁、吉林、新疆，西至四川、陕西、西藏等省、自治区，都有这批农民工营销银耳的足迹，形成了一张撒遍大江南北的银耳商业网，为产品推向市场创造了有利条件。这批农民营销商，还为出口商提供银耳产品加工、包装出口。深圳春生菇业公司、福荣华菇品公司等出口商，每年出口银耳干品500多吨，均由大桥经销户提供货源，并在广胜等村建立银耳无公害生产基地。新加坡、马来西亚、日本、加拿大等国的客户，常临基地检验认证。实现了市场经营运行正常，从商者遵章履约，获取合理效益。

(二)人才脱颖而出　科技创新不断

大桥镇银耳产业化经营,为乡土人才搭起施展才华的平台。许多农民从生产实践中得到锻炼,培养造就了一批民间科技专业队伍,促使银耳栽培技术不断飞跃。

1. 引进银耳木栽首告成功

古田县历史上并无银耳生产,1968 年该镇苍岩村青年农民姚锦土,由其父亲姚宜孝从浙江省引进菌种,开始潜心研究银耳段木栽培,成为首批获得银耳栽培成功的菇农之一。此后又开展试验瓶栽银耳,到 1976 年收成 1 批银耳干品 5 千克。他把辛勤培育出来的银耳产品,邮寄到北京向党中央报喜,受到鼓励。

2. 银耳瓶栽技术新突破

苍岩村农民姚淑先,从 1969 年开始从事银耳生产,并从上海、三明科研部门引进适于培养料栽培的菌种。1978 年瓶栽银耳 5000 瓶获得成功,每 100 千克木屑,产出银耳干品 10 千克,单产比原有段木栽培法提高 15～20 倍,这是中国银耳生产技术上一次新的突破。1978 年他被县计划委员会聘任为古田县真菌厂厂长,从事银耳瓶栽工厂化生产。之后他走出县门,在福州市创办福建珊瑚集团,任企业总裁,从事银耳等食用菌商业活动;后来又到深圳特区发展,从事菇品出口业务,成为我国典型的农民企业家。

3. 银耳袋栽革新一次飞跃

大桥镇瓶栽银耳形成了商业化生产，并传播诱发了毗邻的吉巷乡前垅村青年农民戴维浩，深入探索银耳栽培容器的革新。他把瓶栽改为塑料袋栽培，1979 年下半年获得成功，有效地解决了瓶栽容器体积笨、易破裂的弱点。这是银耳生产技术上又一次新的飞跃。银耳袋栽技术的出现，促进这位创新者也就从吉巷乡迁移到大桥镇落户，并办起兴华真菌研究所，从事银耳菌种生产。银耳袋栽技术创新，促使银耳生产迅速发展，产量激增。2005 年这位乡土人才被评为全国劳动模范，近年来他选育出银耳新菌株 TR01、TR21 2 个，通过了省级鉴定。

4. 室内搬野外开拓反季节栽培

银耳室内袋栽形成规模化生产，但在自然气候条件下为春、秋两季栽培，而夏季气温高不能生产，市场货缺价扬。大桥村农民倪继辉，20 世纪 90 年代初大胆尝试，在夏季把菌袋搬到野外草棚露地培育出耳。这一创新成果激发了高海拔山区采取野外搭棚反季节栽培。地处 800 米山区的银场、珍山等 10 多个村，迅速形成规模生产。这位反季节野外栽培创新者，1998 年被选为古田县银耳制种商会会长，之后他创办了辉祥食用菌研究所并任所长。

5. 安全容腔栽培获得发明专利

随着市场安全意识的提高，“买放心菜，吃安全菇”成为时尚消费新潮。制种户的姚锡耀研究成功“营养罐培育无公害银耳”获国家发明专利。之后，倪桂锋、陈建江、陈振金 3 位农民，研究成功一种“安全容腔培育绿色食品银耳”新技术，2008年获国家2项专利。这些安全装置，把银耳子实体控制在营养罐或安全容腔内生长，之间不喷水、不施农药，优化了产品质量，经检测达到绿色食品要求，成为银耳产业化经营技术上又一新的亮点。2009年他们投资四川省彭州市为灾区援建宁升食用菌科技示范园。

（三）一业兴带动整个产业链旺

随着银耳生产深入发展，科研、机械制造、产品加工、原料供应，产品购销、物流配送等相关行业产业链形成体系，并分享其利，从而加快了银耳产业化的进程。

1. 民营科研所成果层出

大桥镇菇农不断探索银耳生产新技术，取得不同阶段的突破性进展，促进了民间科研机构的问世。近年来，县科技局批准了大桥镇成立民营科研所5家，发挥乡土人才在银耳产业化经营中的作用。1998年12月26日，中央电视台《焦点访谈》报道了“银耳产品熏硫增白加工问题”。一时影响了产品销售。该镇金隆食用菌研究所陈金赠所长，及时选育出一种天然白色银耳新菌株9901，实现了银耳产品不需熏硫加工，能够自然色泽洁白，排解了熏硫增白焦点难题。成丰食用菌研究所江寿根所长，优化银耳菌种，采取孢子水释纯化选育，排除潜藏在菌种中的隐患，提高菌种质量，每年为菇农供应优质银耳菌种80万瓶，此项科研成果获2009年发明专利。近年来兴华真菌研究所、辉祥食用菌研究所、成丰食用菌研究所等，先后被古田县政府授予先进科研单位。

2. 机械制造紧跟发展

机械制造与修配是银耳产业化经营的原动力，有效地摆脱了手工劳动，提高了生产效率。现有原料破碎、培养料搅拌、装袋、灭菌、搅种、接种、菇房控温，直至产品加工，整个生产过程均以机械化取代手工操作。大桥镇所在地就开设了食用菌机械制造和修配加工厂 17 家，装袋机、烘干机、废菌袋破碎机、灭菌灶钢板锅等每年供应 9000 多台(件)。祥为干燥设备研究所王祥为助理研究员与日丰烘干设备厂合作，研制成功单体和连体“新型节能环保脱水机”均获国家发明专利，不仅满足当地需要，而且还供应省内外菇区。

机械制造业的发展，有效地提高了生产效率。银耳培养料搅拌，过去采用人工操作，每拌 1 吨料，需 4 人 3 小时才能完成。如今使用自走式拌料机，1 人操作 5 吨料只需 1 小时完成，提高生产效率 15 倍，节省劳动力 3 倍；且拌料均匀，避免因时间拖延导致培养料发酵，影响培养料质量问题。机械设备从大到小形成配套。体积最小的是银耳菌种电动搅拌器，专供菌种瓶内自动搅菌，每件仅 400 元，每小时搅菌 80 多瓶，使菌丝混合均匀，提高了菌种萌发率。

3. 产前商业服务先行

“兵马未动，粮草先行”，原料供应和产品收购，是银耳产业化经营的重要环节。栽培用的主要原、辅材料为棉籽壳、麦麸、石膏粉、食糖，以及塑料栽培袋，胶布、消毒治虫药剂等，生产上所必需的原材料，均通过商业性经营来供应菇农。棉籽壳、麦麸、石膏粉当地并无资源，均由北方河南、山东，远的新疆等棉花产区、小麦产区采购调进。全镇经营棉籽壳、麦麸等原料的就有37家，分布在镇和村，每年从省外采购棉籽壳、麦麸等原、辅料10多万吨供应菇农。这些产前服务性商业，全镇年发生额超过亿元，成为银耳产业化经营的“先行官”和“后勤部”，在物资上确保了银耳产业化经营的顺利开展。

4. 产品加工形成工厂化

采收后的银耳鲜品，主要通过脱水烘干，加工成商品，包装供应市场。全镇现有从事专业银耳脱水烘干加工厂大型29家，小型700多家，每年为菇农加工鲜耳10万吨，银耳烘干厂仅沂洋村就有9家，有效地解决了银耳产后问题。脱水烘干加工厂全部采用本镇研制生产的现代新型节能脱水干燥机，利用长过银耳的废菌袋作为燃料，不仅解决废袋污染环境、降低产品加工成本，而且节省薪炭林的砍伐，保护了生态资源。

产品烘干设备采取小型与大型结合，按银耳生产量而定，产量集中的产区建立大型脱水烘干加工厂，安装集群连体烘干箱30～40个、多的达100个，采用锅炉蒸汽为热源，进行银耳鲜品脱水干燥。交界洋烘干厂安装有100个连体烘干箱，每日加工银耳干品2～3吨，年加工量达1000吨，每千克干品只收加工费3.8元，产值380万元。确保菇农银耳产品及时得到加工，避免了采收期因加工跟不上导致鲜耳霉烂损失，这是产业化经营的一个重要环节。

5. 物资运输货畅其流

产业发展物流运输量增大，从事物流专营单位就有6家，配有装载10吨大型车辆，民间短途运输拖拉机等几十辆，他们负责原辅材料运进和分送到各专业村。银耳产品物流配送，均通过就地打包、装车，产地集运直达北京、上海、天津、长春、成都、重庆、齐齐哈尔等城市，并采取沿线卸货。为银耳产品销售商提供了方便。出口产品均由产地分级包装，整车或整个货柜送到口岸与出口外贸企业衔接，安排上船，启航远洋，送达国外。物流的便捷，为产业化经营提供了产品快速输出条件。

二、银耳产业化经营理念与践行

银耳是我国传统食、药用菌，历史悠久，几千年生产一直延续小农经济方式，致使产业发展缓慢，在市场经济深入发展时期，更为突出。大桥镇经验说明了产业要发展，首先理念要提升。有了正确理念，才能超脱束缚生产力的圈子，鼓励农民在社会化生产这个基础上，朝向生产基地规模化，栽培过程科技化，产品加工标准化、市场营销网络化、利益风险契约化、适应农业现代化，确保实现银耳产业可持续发展。

(一)银耳经济价值新理念与定性

1. 历代评价

一个产品的开发，首先对该产品有一个价值观，也就是对该产品的经济价值理念。中国是银耳发祥地，也是世界上最早认识和利用银耳的国家。早在宋代，陶谷(902～970)撰《清异录》中记载“北方桑上生白耳，名桑鹅”。富贵有力者嗜之。“桑鹅”即今日所说的银耳。自宋初以来，银耳已被视为菌中上品。明代(1578)李时珍《本草纲目》记载了包括桑耳(银耳)在内的32种菌类药方。清代学者张仁安《本草诗解药性注》称银耳有“麦冬之润而无其寒，有玉竹之甘而无其腻，诚润肺滋阴要品”，足与人参、鹿茸、燕窝媲美，历史上列为宫庭贡品。现代《中国药物大辞典》中记载：银耳“入肺、脾、胃、肾、大肠五经，能清肺热、养胃阴、济肾燥。主治肺热咳嗽，肺燥干咳，久咳喉痒，咳痰带血或痰中血丝，久咳络伤胁痛，肺痛肺痿，妇人月经不调，肺热胃炎，大便秘结，大便下血”。银耳在医疗上用途十分广泛，因而在20世纪40年代，列为“参、茸、燕、耳”四大珍品之一。但产量稀少，全国仅有几百千克，中药材商店每3克银耳售价1个银圆，价值高昂，仅供达官贵人，富豪人家享受之珍品。

2. 身份转变

20世纪70年代后期，福建古田农民发明了银耳培养料瓶栽、袋栽，单产比原有段木栽培提高15～20倍，产量猛增，银耳商品价值逐年下降。20世纪80年代初期，每千克银耳售价仍在240元，20世纪90年代随着银耳生产发展迅速，产品价格大幅度滑坡，最低时每千克不到20元，其身价由名贵山珍，贬为百姓日常菜肴。由此人们对银耳价值产生怀疑。银耳生产的发展，产品量多，消费没跟上，价格下跌，这是经济发展规律的必然性。更主要的是对于银耳产品的经济价值，包括营养价值和医疗保健功能，没有视同生产一样深入开展宣传，普及面不宽，广大消费者缺乏对银耳应有价值的认识。

3. 时代新定性

重新认识银耳价值，转变理念，把原有宫庭贡品，达官贵人享受的珍品，落到普通菜肴，再转回到现代集营养与医疗保健为一体的高级滋补保健品位置上，还银耳本来的珍贵名份。这种理念的转变，必须运用科学依据，让消费者重新认识。银耳是一种高蛋白，低脂肪，营养全面的健康食品，其营养成分现代检验分析结果见表2-1。

表 2-1 银耳营养成分分析 （占干物质%）

项目	水分	蛋白质	粗脂肪	可溶性碳水化合物							灰分	水溶性物质
				总量	还原糖	戊聚糖	甲基戊聚糖	海藻糖	甘露醇	粗纤维		
数值	18.14	5.62	4.34	63.68	44.29	14.34	1.15	5.50	7.21	21.10	5.26	79.60

银耳蛋白质中含有17种氨基酸，其中人体所必需的氨基酸有8种，其对人体健康十分有益，见表2-2。

表 2-2 银耳氨基酸含量

种类	游离氨基酸%	残基氨基酸%
异亮氨酸	0.52	0.45
亮氨酸	0.84	0.72
赖氨酸	0.93	0.82
蛋氨酸	0.16	0.14
苯丙氨酸	0.51	0.46
苏氨酸	0.698	0.57
缬氨酸	0.59	0.50
色氨酸	0.24	0.22

现代药理学、免疫学和临床研究表明，银耳中含多糖（占银耳干重的60%～70%），其中酸性异多糖（Acidic heterog lucan）具有广泛的生理活性。现代医学研究表明，银耳中所含多糖能提高人体免疫力，起扶正固本作用，对老年慢性支气管炎、肺源性心脏病有显著疗效；并有提高肝脏的解毒能力，起护肝作用；还能提高肌体对原子辐射的防护力。临床应用表明：银耳酸性多糖制剂，可治疗肿瘤、可清除自由基，诱导人

体产生抗体及干扰素；可治疗糖尿病、高血压、高血脂；防治白细胞减少等多种医学中的疑难病症。故被称为时尚保健美食，养生益寿珍品，防治疾病的良药。

（二）产业化经营体系理念与格局

1. 产业化体系特点

银耳生产具有劳动力密集型、技术密集型、资源密集型的综合性特点，是一项“短、平、快”的致富项目。银耳产业化经营是在社会化生产的基础上，建立起规范化、标准化体系，发挥生产过程各个环节在产业链中的分工功能作用，促进银耳生产快速实现安全高效现代农业商品化基地。其目标以科技创新为手段，不断提升产业档次，为国内外市场提供更多安全优质产品；为农民创造更加丰厚的经济收入，加速社会主义新农村建设。

2. 产业化体系核心

银耳产业化经营是一个综合性体系。它把科研、生产、加工、流通“缚在一起”，形成“一条龙”，达到“科、工、贸三结合”，营造一种符合新经济时代银耳产业发展和安全高效要求的新格局。

3. 产业化体系结构

银耳产业化经营体系结构布局，见图 2-1。

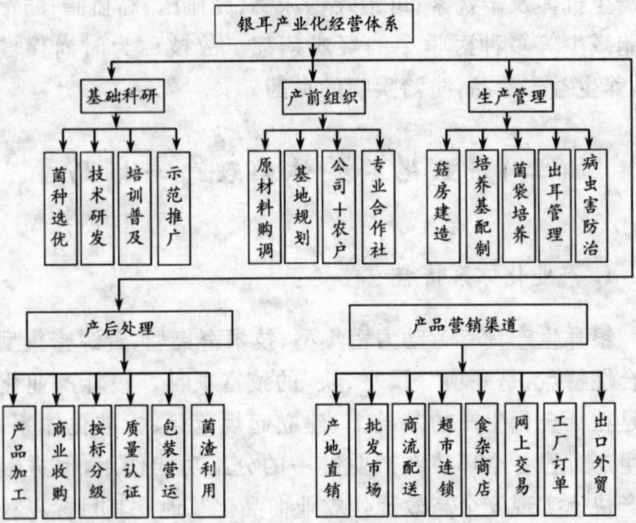

图 2-1　银耳产业化经营体系结构

(三)产业化经营模式理念与功能

1. 模式含义

产业化经营模式是银耳生产全过程技术集成,是成熟定型的一种科学生产管理套路。这种模式涵盖银耳产业的产前、产中、产后各个环节,将其紧密连系在一起,组合成一个产业链;更好地服务生产,促进发展,形成技术先进性、管理科学性、产业可持续性的一种切实可行的榜样。

2. 模式目标

产业化经营总体目标是:瞄准银耳安全高效标准化生产,对技术集成转化并改造,解决理顺和组织攻关生产中某个环节中的薄弱环节和存在阻碍产业发展的技术"瓶颈",进一步提高银耳生产组织化,集约化,标准化程度。最终集成银耳配套技术,实现银耳安全优质高效的目标。

3. 模式作用

模式是样本,它为将要开发银耳这个产品的决策者,提供一个可以借鉴、仿效运作的方式,促使产业顺利进行,免走弯路的无形资产,属于知识产权范畴。

(四)产业化经营效益理念与投资回报

1. 栽培效益

银耳产业经济效益的核心是银耳栽培者。现行银耳生产是采取培养料袋栽,室内多层集约化立体培育方式。一般9米×4米×4米(长×高×宽)的栽培房,内搭9~11层的培养架,1次可排放银耳菌袋3000个,整个生产周期仅35~40天,1年可安排栽培5~6批,栽培数量达1.5万~1.8万袋,菇房利用率很高。

银耳产量一般每袋70~80克(干品),按2009年秋季市场收购平均价每千克38元计算,每袋产值2.66~3.04元,除成本每袋1.5元外,可获利1.16~1.54元。通常最低利润每袋1元,管理得当高效可达2元。

投资回报：银耳栽培一般投入与产出商品值比为1∶1.8～2，投入与利润比为1∶1～1.5。如果投资建造上述规格的菇房6个，年可栽培银耳10万袋左右，可创利润10万元以上，效益十分可观。棉花和小麦产区，其棉籽壳、麦麸就地取材，成本则可降低15％～20％。因此，银耳被认为是生产周期短，见效快，回报率高的"播银纳金"致富奔小康的理想项目。

2. 制种效益

菌种制作是银耳产业化经营中的一个重要行业。银耳制种技术性较强，菌种有科技价值含量。现行银耳栽培种，每瓶售价1.6元，其成本0.9元，可获利0.5元。一般专业制种单位或制种专业户，年生产供应银耳菌种10万瓶，除成本外，可获经济效益5万元以上。

3. 产品加工厂效益

产品加工是银耳产业化经营中的重要行业之一。现行银耳产品主要是脱水烘干。小型加工厂只需购置1～2台RF节能烘干机，投资3万元，按日加工银耳干品200千克计算，每千克收取加工费3.8元，除燃料、电耗、机损、工资等成本2.6元外，每千克盈利1.2元，月加工量6000千克，利润7200元，仅4个月可收回投资，其后时间均为利润。

4. 其他行业分享其利

除栽培者、制种户和产品加工之外，参与银耳产业链服务的单位，诸如原材料供应商，塑料栽培袋、消毒药剂、机械制造、物流运输、产品营销等加工业和商业性服务各个行业，均是经济独立、自负盈亏体制，在产业化经营过程服务中求发展，经营中获盈利。

三、银耳产业化经营基础条件

银耳产业化经营首先必须认识银耳生物学特性，掌握其生长发育对环境条件的要求。根据其生物特性和生态要求，准备好栽培的原、辅材料，载体容器，以及适应生长发育的标准化菇房、棚等，人为创造满足银耳生长发育的条件。

（一）了解银耳生物学特性

银耳，学名：*Tremella fuciformis Berk*，又名：白木耳、雪耳、白耳子，英文名：White Fungus。在分类学上属于担子菌纲，异隔担子菌亚纲、银耳科、银耳属。

银耳属于木腐生菌，自然分布于热带、亚热带地区，多在晚春至秋末、子实体单生或群生于阔叶树腐木及栎树上。

1. 银耳生理特征

银耳为二态型真菌，生活史中有芽孢、菌丝体和子实体3种形态。

(1)子实体 新鲜的银耳子实体纯白色或略带黄色，半透明，胶质，柔软，丛生或单生；由许多薄而波卷状褶的瓣片，丛集成牡丹花状、菊花状或绣球形等。银耳子实体瓣片不分叉或顶部分叉，表面光滑，富有弹性；直径5～16厘米或更大，基蒂黄色至淡橘黄色或黄褐色；子实层遍生瓣片两侧，干时收缩成角质，硬而脆，白色或米黄色。成熟子实体的瓣片表面有一层白色或米黄色的粉末，此为担孢子，大小为5～7微米×4～

6微米，呈卵圆形。

(2)孢子　银耳孢子包括担孢子和节孢子，在PDA培养基上为乳白色、半透明、黏糊状、边缘整齐、表面光滑的酵母状芽孢菌落，即银耳孢子菌落。随着培养时间的延长，其菌落不断扩展和加厚，从乳白色半透明，变成淡黄色不透明以至成土黄色。在一般情况下，银耳担孢子繁殖而来的孢子，不易萌发生长出菌丝，而节孢子繁殖而来的孢子芽孢，较易萌发生长出菌丝。

(3)菌丝　银耳菌丝为多细胞分枝分隔的菌丝，由担孢子萌发而来，或由菌丝无性繁殖而成。菌丝呈灰白色，极细，能在木材或各种袋料培养基上蔓延生长，吸收和输送养分，并在适宜的条件下形成子实体。菌丝分为单核菌丝、双核菌丝和结实性双核菌丝等。单核菌丝每个细胞中含有1个细胞核，双核菌丝每个细胞中含有2个细胞核，结实性双核菌丝可产生子实体并易胶质化。

2. 银耳生态习性

银耳的生态习性与其他菇菌不同，主要有以下3个方面。

(1)异养生物　银耳子实体的发生，是由银耳菌丝与伴生菌构成的一个组合体系。银耳菌丝几乎不具有分解纤维素、木质素的能力，在自然界中，银耳生活史的完成需要一种称为“香灰菌”的子囊菌的协助。“香灰菌”亦称羽毛状菌丝或耳友菌丝，具有很强的分解纤维素能力，只有通过香灰菌丝作“开路先锋”进行分解基质，把银耳菌丝无法直接利用的材料，变为可利用的营养成分，提供营养物质，银耳子实体才能完成生长和发育。

(2)异宗结合　银耳为典型四极性的菌类。1个担孢子能产生 4 个不同担孢子，在适宜的条件下，萌发成单核菌丝。相邻的、可亲和的单核菌丝相互结合，形成有锁状联合的双核菌丝(图 3-1)。

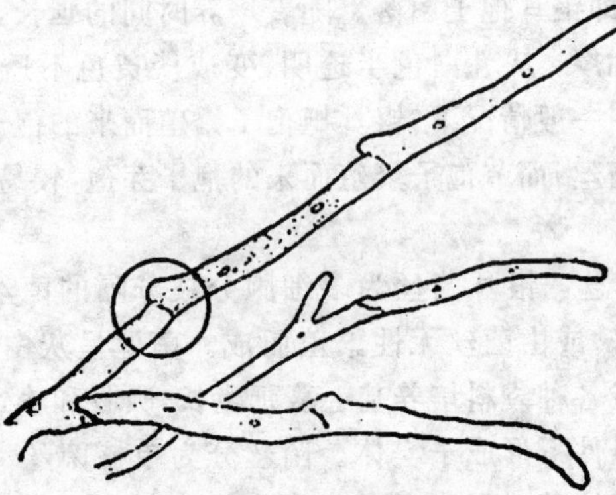

图 3-1 银耳菌丝锁状联合

(3) 生活史 经过锁状联合的双核菌丝不断生长，延伸、分枝，并分解和吸收基物中的营养、水分。生理成熟后逐步发育成组结团菌丝，俗称“白毛团”；并逐步变为胶质化的银耳子实体。子实体成熟又产生担孢子，这就是银耳的生活史(图3-2)。在适宜的条件下，完成这样 1 个周期，需要 50～60 天。

银耳的担孢子在一定的环境条件下，会产生次生担孢子或芽殖产生酵母状分生孢子，在适宜条件下，两者都能萌发成菌丝，若条件不适宜会产生节孢子，待条件适宜时，节孢子又可萌发成菌丝，再形成子实体。

(4) 营腐生生活 银耳自然生长是从枯死的阔叶树的木材中，分解吸收营养物质，它没有绿叶素，不能进行光合作用，是一种木腐菌，营腐生生活方式。银耳与香菇、黑木耳等木腐

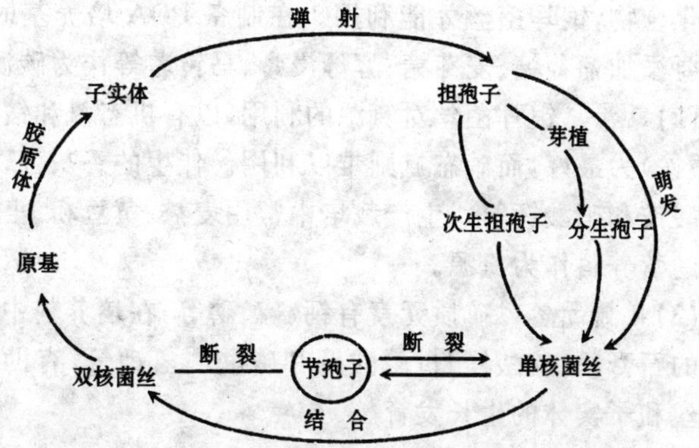

图 3-2 银耳的生活史

菌相比,分解木料纤维素能力很微弱。分解纤维素的子囊菌,即伴生菌香灰菌与银耳构成密切共生,才能分解吸收养分,进行腐生生活,完成其生长发育所需营养物。这是银耳生活长期自然选择进化的结果。

(二)掌握银耳生长发育所需生态条件

1. 营 养

银耳生长发育所需要的营养物质有碳源、氮源等矿质元素和维生素等。

(1)碳源 银耳菌丝和酵母状的分生孢子,能直接利用简单的碳水化合物,如单糖和双糖,不能利用多糖;不能直接利用纤维素、半纤维素、木质素和淀粉等大分子化合物,只有通过香灰菌菌丝,先将基质中的大分子化合物分解为简单的小分子化合物，银耳菌丝才能利用。在制备 PDA 培养基时，一般需要添加葡萄糖、麦芽糖、酵母浸膏、马铃薯等作为碳源。

(2)氮源 银耳菌丝对氮源的利用，以有机态氮和铵态氮（硫酸铵）为最好，而硝态氮则难以利用。伴生的香灰菌，可利用硫酸铵和硝酸钙等。生产栽培中常用麦麸、黄豆粉、玉米粉等辅助营养料作为氮源。

(3)矿质元素 矿质元素有钙、硫、磷等，在培养料中加入适量的石膏粉、硫酸镁、过磷酸钙和磷酸二氢钾等，有助于银耳菌丝和子实体的生长发育。

2. 水　分

水分包含培养基含水量和空气相对湿度两方面，是银耳生命活动的首要条件。水可溶解培养料中的营养物质，输送养分，参与细胞内生化反应。在细胞新陈代谢过程中，外界的营养物质只有溶解在水中，才能被细胞吸收。银耳及香灰菌生长过程中，产生的代谢产物，也只有通过溶解在水中，才能排出细胞外。在栽培过程中，水能提供菌丝体正常生长和子实体发育所需的湿润环境。

3. 温　度

银耳是一种中温型的食用菌，温度是银耳生长发育的重要环境条件之一。按其生长发育对自然气候的要求，一般地区春、秋两季自然气候都适应。

(1)温度对孢子萌发的影响 银耳担孢子在 15℃～32℃下均能萌发形成菌丝，但以 22℃～25℃最为适宜。－17.7℃下 2 小时，不会失去萌发能力。芽孢的抗寒能力强，在 2℃～3℃下保存 5 年，仍具有活力，在 0℃下 2 小时，不会失去萌发能力，但超过39℃即死亡。

(2)温度对菌丝生长的影响 银耳菌丝包含银耳菌丝与伴生菌香灰菌丝，以及两种菌丝的混合体，它们在温度上略有差异。在银耳进入社会生产栽培中，有许多菇农不能达到预期效果，甚至失败，关键就是没有掌握银耳不同菌丝对温度要求的特异性。其区别见表3-1。

表3-1 温度对银耳菌丝生长发育的影响

菌丝名称	生长范围	最适	超限表现
银耳纯菌丝	8℃～34℃	20℃～22℃	低于18℃菌丝细胞壁自然脱水加厚，形成芽孢，处于休眠状态；培养基出现白毛团集结加厚并光滑，气生菌丝薄弱。银耳纯菌丝能耐低温，3℃～5℃可微弱生长，2℃以下停止生长，在0℃也处休眠不死亡，在－17.7℃经5小时就会死亡。超过28℃不利于菌丝生长，白毛团量少；30℃以上生长缓慢，且易产生酵母状分生孢子，35℃以上停止生长
香灰菌丝	6℃～38℃	25℃～28℃	耐高温，30℃条件下生长速度比22℃更快，38℃下均能生长；但不耐低温，低于10℃生长缓慢，出现萎缩，即由灰黑色变成白色，俗称褪灰，失去分解培养基的能力，影响出耳
两种混合菌丝	6℃～32℃	23℃～26℃	在0℃下可存活不死，18℃～28℃能正常生长，38℃停止生长，39℃以上死亡

(3)温度对原基分化和子实体发育的影响 子实体分化

发育的温度为15℃～30℃，但在23℃～25℃为最适。在适温范围内子实体生长快、展片好、耳片厚、产量高；超过28℃生长快，耳片薄，质量差，产量低，易腐烂。在适温范围内，温度偏低子实体发育虽然较缓慢，但肉厚质佳、朵型好、干重率高。在出耳阶段，如果长时间高于25℃，接种穴口的白毛团分泌黄水珠；高于28℃会出现黑水珠，且基部变黑，影响出耳；长时间低于20℃，不利于子实体生长；低于18℃，穴口会吐出白色晶状液，也会导致耳基霉烂。

4. 空　气

银耳是好氧性真菌，整个生育期都离不开氧气。菌丝生长需氧量较小，若培养基水分太多，氧气不足，原基分化迟；子实体发育期间呼吸旺盛，需要空气新鲜。如若通风不良缺氧，子实体扭结成团不开片，闷湿的环境易造成烂耳及杂菌孳生。

5. 光　照

银耳菌和香灰菌为喜光性菌类，菌丝生长和子实体发育需要一定散射光。据观察，香灰菌丝色素的形成与光照关系很大，光照强色素形成快而多；在黑暗中培养15天香灰菌丝纤细，黑褐色分泌物很少；而有散射光时，菌丝粗壮，分泌物正常。50～600勒的光照条件，可满足银耳菌和香灰菌生长发育。一般培养室及栽培场所，选择三阳七阴，光照度300～500勒为宜。光照过暗子实体分化迟缓，质量低劣；但光照过强，会直接杀死银耳的孢子和菌丝，而且也不利于子实体的分化。

6. 酸 碱 度

银耳为喜偏酸性的菌类,孢子萌发和菌丝生长适宜的pH 值范围为 5.2～7.2,但以 pH 值 5～6 为宜。pH 值 4.5 以下或 7.2 以上,均不适于孢子的萌发和菌丝的生长。

(三)产地生态环境无害化要求

1. 银耳无公害生产势在必行

现代市场消费理念发生新的变化,人们对食品的要求,从过去单纯讲究品味、营养,逐步转向绿色、安全、保健,已成为时代消费新潮。无公害栽培场地的生态环境,应符合农业部农业行业标准 NY/5358-2007《无公害食品　食用菌产地环境条件》的要求。重点检测土壤、水源水质和空气这 3 方面的质量。

(1)土壤质量标准　无公害产地土壤质量要求,见表 3-2。

表 3-2　生产用土中各种污染物标准要求

序　号	项　目	指标值(毫克/千克)
1	镉(以 Cd 计)	≤0.40
2	总汞(以 Hg 计)	≤0.35
3	总砷(以 As 计)	≤25
4	铅(以 Pb 计)	≤50

(2)水源水质标准　无公害栽培生产用水,各种污染物含量不得超过下列表中的指标,见表 3-3。

表 3-3 水源水质含量指标要求

序号	项目	指标值
1	浑浊度	≤3°
2	臭和味	不得有异臭、异味
3	总砷(以 As 计)(毫克/千克)	≤0.05
4	总汞(以 Hg 计)(毫克/千克)	≤0.001
5	镉(以 Cd 计)(毫克/千克)	≤0.01
6	铅(以 Pb 计)(毫克/千克)	≤0.05

(3)空气质量标准 产地空间要求大气无污染，空气质量指标要求，见表 3-4。

表 3-4 环境空气质量标准

项目	指标	
	日平均	1 小时平均
总悬浮颗粒物(TSP)(标准状态)(毫克/米^3)	0.30	—
二氧化硫(SO_2)(标准状态)(毫克/米^3)	1.5	0.50
氮氧化物(NOX)(标准状态)(毫克/米^3)	0.10	0.15
氟化物(F)(微克/分米^3)	5.0	—
铅(标准状态)(微克/米^3)	1.5	—

(四)栽培基质安全性保证

栽培基质应符合国家农业部发布的 NY 5099-2002《无公害食品 食用菌栽培基质安全技术要求》。

1. 主要原料

银耳栽培的原料资源比较丰富，棉籽壳、杂木屑、蔗渣、棉花秆、玉米秸、玉米芯、豆秸、花生壳及部分野草，如芦苇、类芦、巴茅等均可。

(1)棉籽壳 棉籽壳为棉花副产物，又叫棉籽皮，是现行大面积栽培银耳的最佳培养料。它具有营养成分高的特点。据华中农业大学测定，棉籽壳含氮 1.5%，磷 0.66%，钾 1.2%，纤维素 37%～48%，木质素 29%～42%。棉籽壳质地坚硬，有利于菌丝逐步分解利用，后劲足；其籽壳形状不规则，有残留的棉花纤维素，颗粒间隙较大，培养料透气好，有利于菌丝生长发育，产量最高。是最为理想的原料之一。

棉花生产中使用农药较多，因棉籽壳中又含有棉酚，用棉籽壳作为栽培基质生产银耳，其产品卫生安全性，包括农药残留物和棉酚的含量，一向为人们所关心。卢青达等对棉籽壳栽培的食用菌产品，进行农药残留的棉酚分析，结果表明未处理的棉籽壳中含棉酚 230 毫克/千克，经过灭菌后棉籽壳中含棉酚 53 毫克/千克。用棉籽壳栽培出的食用菌子实体中，棉酚的含量为 49 毫克/千克，比联合国粮农组织(FAO)所规定的卫生标准低 1 个数量值，认定无公害。

(2)适生树木屑 适生树木屑包括果、桑树枝桠。树木种类为常绿阔叶树，其营养成分、水分、单宁、生物碱含量的比例及木材的吸水性、通气性、导热性、质地、纹理等物理状态，适于银耳菌丝生长。

(3)其他秸秆 农作物秸秆包括玉米芯、大豆秸、木薯秸、葵花籽壳、棉花秆、甘蔗渣等，这些均富含木质素、纤维素，均可利用。

此外，还有野草类的芦苇、五节芒等。

2. 辅助营养料

辅助营养料又称辅料，是用来调节栽培基质碳氮(C/N)比的物质。常见的辅料是天然有机物质，如麦麸、米糠、玉米粉等，主要用于补充主料中的有机氮、水溶性碳水化合物，以及其他营养成分的不足。

3. 化学添加剂限量

培养料配方中常用石膏粉、碳酸钙等化学物质。有的以改善培养料化学性状为主，有的是用于调节培养料的酸碱度。

4. 物料质量把关

栽培银耳的原、辅料来源很广，但有些原料在树木、棉花、甘蔗、玉米的生产过程中富集有重金属镉、汞、铅、砷或农药残留。这些有害物质通过生物链，不同程度地进入银耳菌丝体，从而转移到子实体中造成污染。因此，在物料上必须把好采集质量关，原、辅料要求新鲜、洁净、干燥、无虫、无霉烂变质、无异味；对棉籽壳等必须进行重金属和农药残留检测，只有不超标的原料才可采购，杂木屑应除去桉、樟、槐、苦楝等含有害物质的树种，才能用于栽培无公害银耳。原料进仓前要采取烈日暴晒，杀灭病原菌和害虫、虫蛆；堆放原料的仓库要求干燥、通风、防雨淋、防潮湿，才能确保原料不霉烂，不变质。

(五)培养室与栽培房无害化标准

1. 培养室安全条件

银耳培养室分为菌种培养室和栽培袋发菌培养室两方面，简称菌种室和发菌室。它必须具备以下条件。

(1)远离污染区 作为无公害银耳菌袋培养室，其环境质量要求，应选择在无污染和生态良好的地区。选点应远离食品酿造工业、禽畜舍、医院和居民区。因为靠近城市和工矿区，其有害微生物多，土壤中重金属含量较高，会导致重金属等有害物残留。

(2)结构合理 坐北朝南，地势稍高，环境清洁；室内宽敞，一般 32～36 米^2 面积为宜，墙壁刷白灰；门窗对向，安装防虫网；设置排气口，安装排气扇。

(3)生态适宜 室内卫生、干燥、防潮、空气相对湿度低于 70%；遮荫避光，控温 23℃～28℃，空气新鲜。

(4)无害消毒 选用无公害的次氯酸钙药剂消毒，使之接触空气后迅速分解或对环境、人体及菌丝无害的物质，又能消灭病原微生物。

(5)物理杀菌 安装紫外线灯照射或电子臭氧灭菌器等物理消毒，取代化学药物杀菌。

我国农村庭院栽培银耳的发菌室，多利用现有住房。为确保发菌成功，要求设有门窗、清洁卫生的楼上房间为好。一般而言，楼上房间比较干燥，空气较好。如果采用第一层房间发菌，也应选择铺有木地板的为好。如果水泥地或土地，必须在地面铺上 2 层塑料薄膜，上面再用木板条间距排放，叠袋发菌。为了提高发菌室利用率，室内设多层培养架，便于排放菌袋。地面较低、潮湿、靠近酿造发酵处的住房切不可使用，以免造成病原微生物传播污染。

2. 栽培房特殊要求

银耳菌袋转入子实体生长发育的场所，常称为栽培房、耳房，反季节野外简易搭盖的称为耳棚，由于出耳要求环境有一定空气相对湿度，所以又称“湿房”。这种栽培房分为室内耳房与野外耳棚。应选择远离“三废”排放地，空气清新，周围无大气污染源，尤其是风口无污染。水质纯净，土壤未受污染，生态环境良好的区域。其空气质量、土壤质量、长耳管理用水质量，均应符合国家农业行业标准 NY/5358-391-2007《无公害食品　食用菌产地环境技术条件》的要求。

(1)银耳栽培专用房　作为工厂化、集约化生产的厂(场)和专业栽培大户，其耳房要求在 5 千米以内无工矿企业污染源；3 千米之内无生活垃圾堆放和填埋物、工业固体废弃物和危险废弃物堆放和填埋物。同时，能够人为调控适合银耳生长的温、湿、光、氧。

①*场地土壤要求*　土壤中无农药残留，不得含有天然或人工合成的硝酸盐、磷酸盐、氯化物等物质，以及重金属元素。选用傍山近河，四周空阔，环境清洁，通风良好，光照适度的地方。耳房坐北朝南，冬暖夏凉。场地土壤要求严格，如果土壤中重金属含量高，就会被吸收，影响银耳产品质量。为此，场地土壤必须选择符合质量要求的。

②*建筑结构*　耳房采用土木结构或砌砖混凝土结构；四周和屋顶采用膨体泡沫塑料板装修，保温、保湿；屋顶设排气窗，安装电风扇和排气扇。耳房大小视场地而定。耳房通常

为9米×4米×4米(长×宽×高)内搭11～13层架床,1次可栽培2800～3200袋。近年来银耳示范基地的耳房为12米×4.2米×4.3米(长×宽×高),内搭17～18层培养架,1次可栽培5500袋。其耳房宽向两端设有能关闭的2个门和4个通风窗;双向通风对流,窗户安装玻璃采光。屋顶半圆形或八字形,以利于水分蒸发,顺势下溜,避免顶层银耳受水滴霉烂。地面事先用3块立砖,砌成外径宽36厘米,高2块砖24厘米的通烟道,水泥抹面。房外开好燃烧口和炉膛,灶口宽26～28厘米,炉膛80～100厘米,便于冬季栽培在房外燃烧,热气进房,提高房内温度。

③室内架层　耳房内设排放菌袋的多层培养架。一般宽、高4米×4米的耳房,采用双列排架,床宽1米,排放2袋。11～13层的层距25～30厘米。宽、高4.2米×4.3米的耳房,18层的层距22厘米。架床用竹片铺放,间距3～5厘米。耳房中间通道1.8～2米,便于作业。采取3列排架的,其中间架宽1米排放2袋,两边各1架宽50厘米排放1袋;房内开2条作业道各宽1米。耳房内培养架见图3-3。

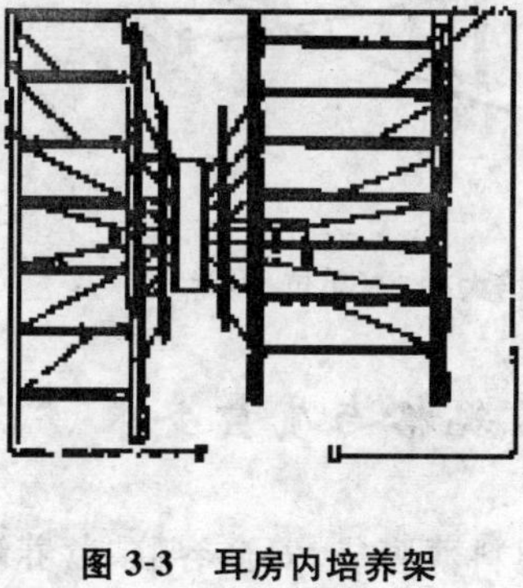

图3-3　耳房内培养架

(2)野外栽培草棚

随着银耳反季节生产规模扩大,大桥镇菇农采取在野外搭建草棚,供银耳子实体生长发育。这种草棚采用竹木条做骨架,四周和棚顶用黑色塑料膜罩盖,形成塑料大棚式。然后加盖10厘米厚的茅草遮荫，成为简易草棚。棚长15～20米，宽4米，高4米，内设7～8层排袋架，1个棚1次可排放栽培袋3000袋。野外草棚空气新鲜，自然环境条件好，尤其是反季节夏栽银耳展片好，色白，品质优，而且投入成本低廉，因此广为流行。安徽省淮北地区菇农张传锋，来大桥镇参观后，在野外采用竹木条插成拱膜架，上罩塑料薄膜，外盖草帘。内搭架床5层，两头开通风门窗。2003年秋季栽培6个棚共计3万袋，收获银耳干品2800千克，平均每袋产量93克，获得较高产量。

(3)北方高寒耳棚 北方气候寒冷、风大。可以采用日光棚栽培。日光棚又叫日光温室，与一般蔬菜棚不同，它应根据银耳生产过程所需的温、湿、光生态条件；同时又考虑北方寒冬气温低，雪、风负载等诸因素，进行缜密科学设计。银耳栽培大棚样式，见图3-4。

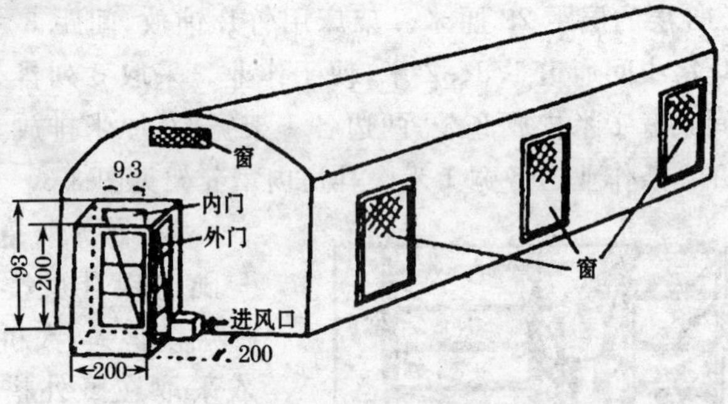

图3-4 银耳栽培大棚 （单位：厘米）

（六）栽培容器规格与质量要求

银耳栽培容器主要为塑料薄膜袋、安全容腔、营养罐、玻璃瓶等。

1. 塑料薄膜袋

大规模商品化生产多采用塑料薄膜成型折角袋，其规格：袋径折幅宽长为12～12.3厘米×50～55厘米，厚度0.04厘米。其原料要求符合国家标准GB 9687-1998《食品包装用聚乙烯成型品卫生标准》。塑料袋的原料应选用高密度低压聚乙烯（HDPE）薄膜加工制成，这是常压灭菌条件下常用的一种理想薄膜袋。另一种是安全罩封闭式栽培袋，其规格15厘米×25厘米，可采用聚丙烯（PP）成型折角袋，耐高压、透光度好。优质塑料袋要求达到4条标准：薄膜厚薄均匀，袋径扁宽大小一致；料面密度强，肉眼观察无砂眼，无针孔，无凹凸不平；抗张强度好，剪2～4圈拉不断；耐高温，装料后经常压100℃灭菌，保持16～24小时，不膨胀、不破裂、不熔化。

2. 营养罐

这是近代银耳进入工厂化生产的一种新型栽培容器，以聚丙烯（PP）为原料，通过模具热铸成型，且有透明、耐光、耐高压的特点。罐高18厘米，直径8.5厘米，罐中间螺纹旋合，下半部高9厘米，装载培养料。每罐装干料量160克；上半部高9厘米，其罐顶中心设通气口，高1厘米，口径3.5厘米，装有海绵过滤片，配有塑料盖。营养罐栽培实际是HACCP（即危害分析及关键控制点）体系在银耳安全栽培中的应用，达到产品安全。

3. 安全容腔

安全容腔是2009年新发明，获国家专利的一种绿色培育银耳最新的栽培容器。它以聚丙烯为原料，通过模具热铸成型，性质同营养罐。容腔长 50 厘米，分成两段对接，内直径 16 厘米，中间螺纹旋接，容腔两端配有透气口，高 0.5 厘米，口宽 6 厘米，装有过滤材料。这种安全容腔不仅有利于安全控制关键危害点，而且腔口体积宽容，银耳子实体生长舒展，朵大美观。

4. 玻璃瓶

小规模栽培可利用广口水果罐头瓶，通过清洗消毒，作为栽培银耳容器。但玻璃瓶易破，操作不便。

(七)配套机械与灭菌设备

1. 配套机械设备

银耳原料切碎、搅拌、装培养料袋均以机械化取代手工操作。常用有以下几种。

(1)原料切碎机 利用树木、果、桑枝桠或棉花秆、玉米芯作原料的地区，必须购置原料切碎机。这是一种木材切片与粉碎合成一体的新型机械。生产能力每小时 1000 千克/台，配用 15～18 千瓦电动机或 11 千瓦以上柴油机。适用于枝条、农作物秸秆等原料的加工。

(2)培养料搅拌 选用新型自走式培养料搅拌机，由福建省古田县文彬食用菌机械修造厂研制，获国家发明专利。该机以开堆、搅拌器、惯性轮、走轮、变速箱组成，配用 2.2 千瓦电机及漏电保护器，生产效率 5000 千克/小时。体积 100 厘米×90 厘米×90 厘米(长×宽×高)，占地面积 2 米^2，自身重量120千克。是目前培养料搅拌机体积小、产量高、实用性强的新型设备。该厂还研制一种“食用菌废筒脱膜粉碎分离机”，每小时加工银耳废筒3000个，使废菌渣得到再利用。为了方便菇农，该厂设立服务部，免费提供资询资料与光盘。地址：福建省古田县城关河东路5号，邮编352200；咨询电话：0593－3856191，厂长周文彬。手机：13906027773。

(3)培养料装袋机 具有一定规模的生产基地或乡村，可选用自动化冲压装袋机，生产效率1500袋/小时。一般菇农可购置多功能装袋机，配用0.75千瓦电动机，普通照明电压，生产能力每小时1000袋/台，配用多套口径不同的出料筒，可装不同折幅的栽培袋。

(4)脱水烘干机 目前较为理想的是福建省古田县祥为干燥设备研究所与日丰烘干设备研究所联合研制、获国家专利的产品新型单体和连体节能环保烘干机。其结构简单，热交换器安装于中间，两旁设置2个干燥箱或多个干燥箱，箱内各安置13层竹制烘干筛。箱底两旁设热风口。机内设3层保温，中间双重隔层，使产品烘干不焦。箱顶设排气窗，使气流在箱内流畅，强制通风脱水干燥，配有三相(380V)、单相(220V)动力供用户自选。燃料薪、煤均可。鲜耳进房一般10～12小时干燥，2个干燥箱的台/次可加工鲜耳250～300千克，4个干燥箱的加倍。新型节能环保烘干机，见图3-5。该厂地址：福建省古田县大桥镇供销大厦，咨询专家王祥为。电话：13459331485。

2. 灭菌设施

灭菌设备包括高压灭菌锅和常压灭菌灶两方面。它主要用于培养基灭菌，杀灭病原菌，达到基质安全的效果。

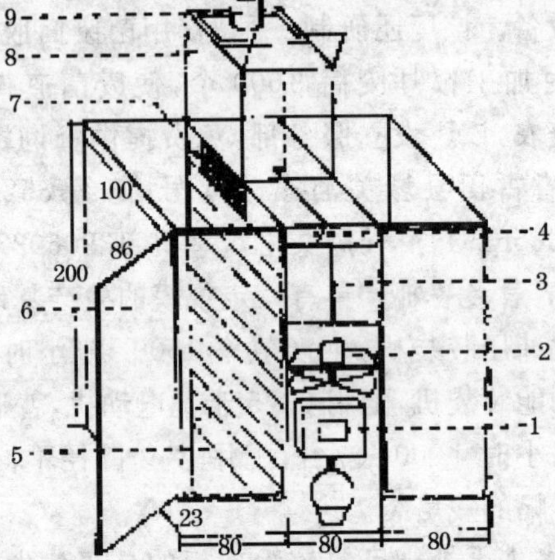

图 3-5　新型节能环保烘干机图示　（单位:厘米）

1. 热交换　2. 排风扇　3. 活动进风口　4. 上进风口手柄

5. 热风口　6. 门　7. 回风口　8. 进风口　9. 烟囱

(1)高压蒸汽灭菌锅　高压灭菌锅用于菌种和培养基的灭菌,常用的有手提式、立式和卧式高压灭菌锅。试管母种培养基由于制作量不大,适合用手提式高压灭菌锅。其消毒桶内径为 28 厘米、深 28 厘米,容积 18 升,蒸汽压强在 0.103 兆帕(1 千克/厘米^2)时,蒸汽温度可达 121℃。原种和栽培种数量多,宜选用立式或卧式高压灭菌锅。其规格分为 1 次可容纳 750 毫升菌种瓶 100 个、200 个、260 个、330 个不等。除安装有压力表、放气阀外,还有进水管、排水管等装置。卧式高压灭菌锅其操作方便,热源用煤、柴均可。高压灭菌锅的杀菌原理:水经加热产生蒸汽,在密闭状态下,饱和蒸汽的温度随压力的加大而升高,从而提高蒸汽对细菌及孢子的穿透力,在短期内可达到彻底灭菌。

(2)常压高温灭菌灶 常压高温灭菌灶是培养料装袋后，进行灭菌不可少的设备，常用的有以下两种。

①钢板平底锅灭菌灶 生产规模大的单位可采用砖砌灶，其体长 280～350 厘米，宽 250～270 厘米，灶台炉膛和清灰口可各 1 个或 2 个。灶上配备 0.4 厘米钢板焊成平底锅，锅上垫木条，料袋重叠在离锅底 20 厘米的垫木上。叠袋后罩上薄膜和蓬布，用绳捆牢，1 次可灭菌料袋 6000～10000 袋。钢板平底锅罩膜常压灭菌灶见图 3-6。

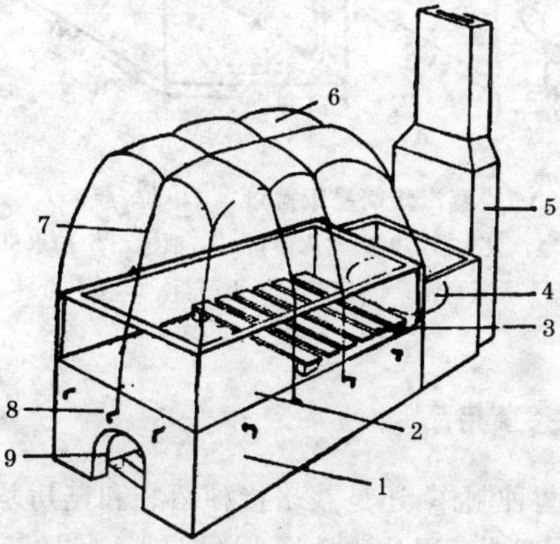

图 3-6 钢板平底锅罩膜常压灭菌灶

1. 灶台 2. 平底钢板锅 3. 叠袋垫木 4. 加水锅 5. 烟囱 6. 罩膜 7. 扎绳 8. 铁钩 9. 炉膛

②蒸汽炉简易灭菌灶 有条件的单位可采用铁皮焊制成料袋灭菌仓，配锅炉或蒸汽炉产生蒸汽，输入仓内灭菌。一般栽培户可采用蒸汽炉和框架罩膜组成的节能灭菌灶，也可以

利用汽油桶加工制成蒸汽炉灭菌灶。每次可灭菌料袋3000～4000袋，少则1000袋均可。蒸汽炉简易灭菌灶，见图3-7。

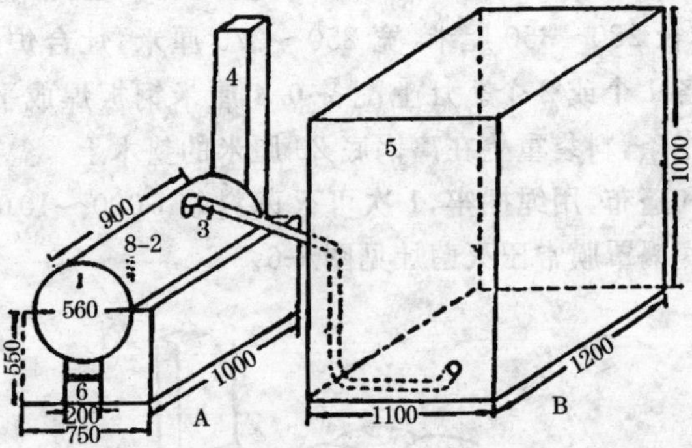

3-7　蒸汽炉简易灭菌灶　（单位：厘米）

A、蒸汽发生器　**B**、蒸汽灭菌箱　1. 油桶　2. 加水机
3. 蒸汽管　4. 烟囱　5. 灭菌箱　6. 火门

3. 消毒杀菌用品

无论是菌种制作，还是栽培接种菌袋和菇房均离不开消毒杀菌环节，而消毒用品质量优劣关系到杀菌是否彻底，直接影响生产成败。消毒用品应选用经国家农业部批准的HNP 35071-D 4087。“南北牌”食用菌专用无公害烟雾消毒剂（66％二氯异氰尿酸钠烟剂）。该消毒剂为食用菌生产过程中必需、且不可替代的消毒灭菌用品。消毒时先用清水喷湿，使空气相对湿度达85％以上。然后用火点燃，就连续喷出大量有效杀菌的气体和烟雾。这些烟雾与相对湿度85％以上的

空气交融，利用烟气压力迅速渗透菇房全方位，有效地杀灭危害极大的绿霉、链孢霉等杂菌，是现行各菇区广泛使用、理想的无公害消毒用品。产品粉剂盒装 40 克，每立方米空气用量 4～8 克。本品由福建省古田县生物化工有限公司研制出品。为方便菇农，特设邮购部。地址：福建省古田县 614 信箱 5 支箱 45 号。咨询专家丁龙龙　手机：13850329168、电话：(0593)3856191、传真：(0593)3893186。

四、银耳产业化经营菌种规范生产工艺

银耳生产，菌种先行。银耳栽培是以“一种、二料、三管理”序列。银耳菌种之所以排列首位，是因为它有与众不同的独特个性，即由两种菌丝混合构成的；制种技术性强，且适用菌龄很短，稍有操作失误或培养管理不慎，就会影响菌质，给栽培者带来生产失败，经济损失。所以，显得比其他菇类特别娇气和贵气。正因如此，银耳制种专业责任重大，操作人员必须具备专业技能，持证上岗；生产经营中遵守职业道德，技术上精益求精。

（一）菌种生产经营行政许可条件

国家农业部颁布《食用菌菌种管理办法》（2006 年 6 月 1 日起实施）明确规定食用菌种生产实行市场准入制度，并对菌种生产提出了切实可行的详细的资质要求。主要包括技术资质的审核、注册资本登记，资金、技术条件等。

从事食用菌制种专业，应向所在地县级农业（食用菌）行政主管部门申请《食用菌菌种生产经营许可证》，具体要求条件如下。

1. 注册资本

申请菌种生产许可证，要求注册资本证明材料：母种 100 万元以上，原种 50 万元以上，栽培种 50 万元以上。

2. 专业技术人员

申请母种和原种生产单位，必须有经省农业厅考核合格的菌种检验人员 1 名、生产技术人员 2 名以上的资格证明。申请生产栽培种的单位或个人，必须有检验人员和生产技术人员各 1 名。

3. 生产设施

仪器设备和生产设施清单及产权证明，主要仪器设备的照片包括菌种生产所需相应的灭菌、接种、培养、贮存、出菇试验等设备、相应的质量检验仪器与设施。

4. 经营场所

菌种生产经营场所照片及产权证明。其环境卫生及其他条件，都应符合农业部 NY/T528-2002《食用菌菌种生产技术规程》要求。

5. 种性介绍

品种特性介绍，包括生物特性、经济性状、农艺性状。

6. 保质制度

菌种生产经营质量保证制度。申请母种生产经营许可证的品种为授权品种，为授权品种所有权人（品种选育人）授权的书面证明。

(二)规范化银耳菌种厂科学布局

银耳菌种的分离纯化和培养,对菌种厂的要求比较严格,一个专业的菌种厂,必须设有各个工序的专用房间。菌种厂的设计,既要符合科学要求,又要因地制宜,讲究实用,合理安排各个车间。规范化菌种厂合理布局,见图 4-1。

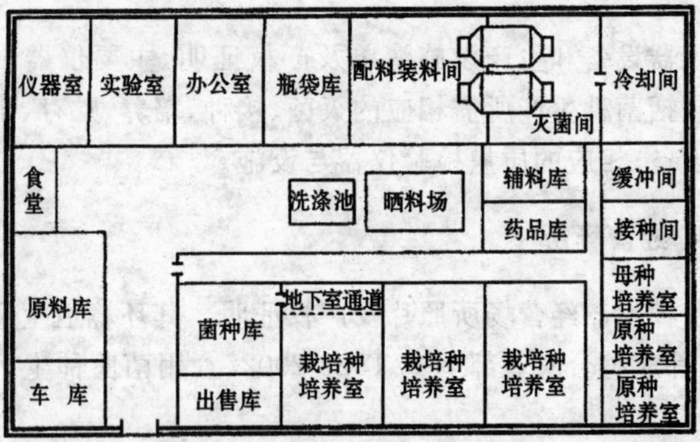

图 4-1 菌种厂设施布局示意

菌种厂各个专用房、室,要根据无公害制种的需要,顺序放置好各种设备、用具、仪器、药品等,以便实行流水作业和消毒管理,确保无菌操作,避免杂菌污染,提高菌种的成品率。

（三）银耳菌种繁育原理与生活条件

1. 繁殖原理

银耳繁殖分为有性繁殖和无性繁殖 2 种。人工分离母种是根据银耳子实体成熟时，能够弹射担孢子的特性，使子实体上的许多担孢子着落在培养基上，以出芽的方式萌发形成菌丝，即为菌种。这种自然繁殖方式，通过人为分离的方法，称为有性分离或有性繁殖。而从子实体或耳木中分离出菌丝体，移接在培养基上，使其恢复到菌丝发育阶段，变成没有组织化的菌丝来获得母种，称为无性繁殖。用这种分离获得母种，既方便又较有把握其子实体和菌丝体都是近缘有性世代，遗传基因比较稳定，抗逆力强，母系的优良品质基本上可以继承下来。

2. 特有个性

银耳有别于其他菇类。它是两种菌丝混合培养，才能作为生产的菌种。这两种菌丝在生产上称为银耳纯菌丝和羽毛状香灰菌丝或俗称耳友菌丝。银耳虽然是一种木腐菌，但它分解纤维的能力很弱，必须与一种能分解纤维的香灰菌丝生活在一起，才能长出朵大的银耳子实体。这种巧妙的组合，是长期自然选择进化的结果。如果不明白这一原理，也就无法生产优良的银耳菌种。这是银耳菌种与其他食用菌不同的特性。

3. 生活条件

营养是银耳菌种生命活动的物质基础，氢、氧、氮、碳、钙、磷、铁、钾、镁、硫等元素，以有机和无机化合物，构成菌丝体生长发育所需之能源和营养源。在人工分离培育菌种时，配入适量的蔗糖、麦麸、淀粉、蛋白胨、磷酸盐、硫酸镁等营养成分，以满足其生长发育的需要。

菌种生活条件除了营养之外，还必须根据银耳生理和生态条件的要求，满足其所需要的温度、湿度、空气、光照、pH值等。人为创造适合菌种生活的环境条件，有利于提高菌种成品率和质量。

（四）银耳菌种分级与形成程序

1. 菌种分级

银耳菌种的分级与其他食用菌相类似。它包括母种、原种、栽培种3级。

(1)母种 通常是从子实体或基内分离选育出来的，称为一级菌种。它一般是从接种在试管内的琼脂斜面培养基或玻璃瓶木屑培养基上培养出来的。母种数量很少，还不能用于大量接种和栽培，只能用作繁殖和保藏。

(2)原种 把母种移接到菌种瓶内的木屑、麦麸等培养基上，所培育出来的菌丝体称为原种。原种是经过第二次扩大，所以又叫二级菌种。原种虽然可以用来栽培产出子实体，但因为数量少，用作栽培成本高，一般不用于生产栽培，必须再扩大成许多栽培种。银耳试管母种，通常只有1个混合体的菌丝扭结团,所以只能移接1瓶的原种。而菌种瓶的木屑培养基母种,1瓶可以移接成40～50瓶原种。

(3)栽培种 又叫生产种。即把原种再次扩接到同样的木屑培养基上,培育得到的菌丝体,作为银耳栽培用的菌种。栽培种经过了第三次扩大,所以又叫三级菌种。每瓶原种可扩接成栽培种50～60瓶。

(4)菌种形成程序 银耳菌种由于自身的特性,它的分级形成与其他菇类有别,见图4-2。

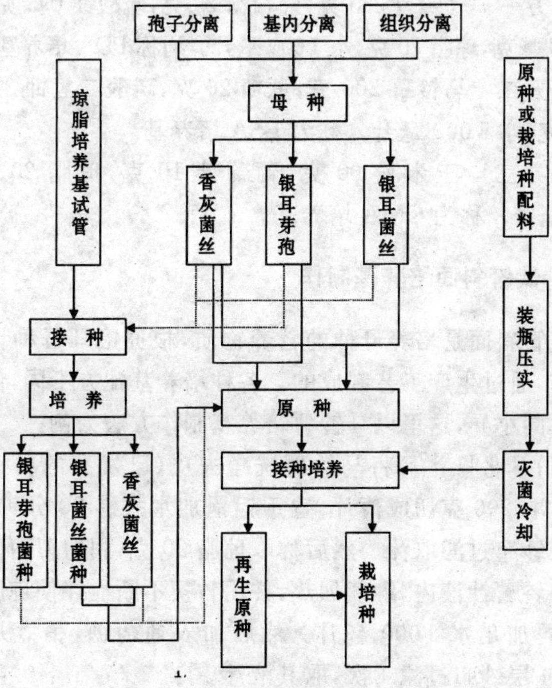

图4-2 银耳菌种分级形成示意

(五)母种培养基配方与制作方法

1. 培养基配方

银耳母种培养基分为琼脂培养基和木屑培养基。木屑培养基配方和制作方法与原种和栽培种相同。由于银耳菌种是两种菌丝混合体构成,在培养基配方上常用的有以下几种。

配方一　马铃薯 250 克,葡萄糖 25 克,硫酸镁 0.5 克,维生素 B_1 10 毫克,琼脂 20 克,水 1000 毫升。通称 PDA 培养基。

配方二　马铃薯 200 克,蔗糖 20 克,磷酸二氢钾 3 克,琼脂 20 克,水 1000 毫升。称为 PSA 培养基。

配方三　玉米粉 60 克,葡萄糖 10 克,琼脂 20 克,水 1000 毫升。称为 CMA 培养基。

2. 试管斜面培养基制作

试管斜面是培养母种的营养物质,根据银耳母种培养基的配方,通过生产工艺制成的。各种培养基配方不同,但制作方法大同小异,这里以马铃薯培养基制作方法为例。

(1)溶化取汁　将马铃薯洗净去皮(已发芽的要挖掉芽眼),称取 200 克切成薄片,置于铝锅加水煮沸 30 分钟,捞起用 4 层纱布过滤取汁。然后称取琼脂 20 克,用剪刀剪碎后加入到马铃薯汁液内,继续加热,并用竹筷不断搅拌使琼脂全部融化,再加足水 1000 毫升。然后加入葡萄糖,稍煮几分钟后,用 4 层纱布过滤 1 次,取其液汁。

(2)分装入管　装量为试管长度的 1/5,随之塞上棉塞,立放于试管笼上。分装时应注意不要使培养基粘到试管口上和试管壁上，以免发生杂菌感染。

(3)高压灭菌 灭菌目的是把培养基内所有的微生物杀死，使之处于无菌状态。灭菌时将试管每 10 支扎成 1 捆，棉塞一端用牛皮纸包好，垂直放入高压锅内进行灭菌。在 0.11 兆帕（122.4℃）的压力下保持 30 分钟左右；待压力表自动降至“0”时，再打开锅盖，取出试管。

(4)趁热排斜 试管取出后趁热斜靠在桌上的小木棒上，使管内培养液斜面上长度达 1/2 至 2/3，冷却后即成固体斜面培养基。

(5)检测纯度 灭菌后的效果如何，需要进行认真检测。可从每批试管中取出 3～5 支，移入恒温箱中，调整至 28℃左右进行培养。经 3～7 天后，仍未发现有杂菌产生，即证明无杂菌，方可作为母种斜面培养基。

琼脂斜面培养基配制工艺流程，见图 4-3。

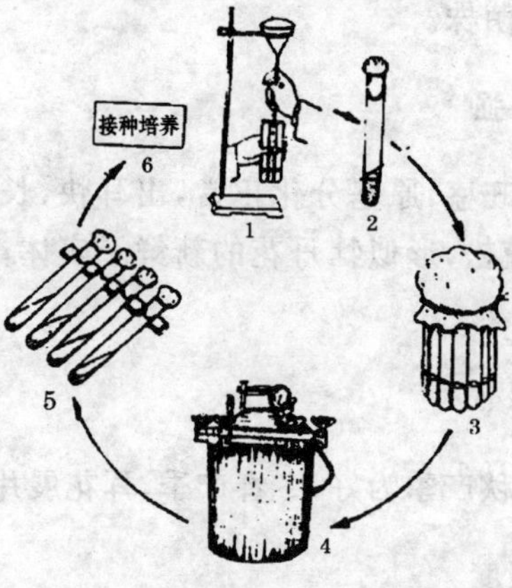

图 4-3 琼脂斜面培养基配制工艺流程

1. 分装试管 2. 管口塞棉 3. 包扎成捆
4. 高压灭菌 5. 摆成斜面 6. 接种培养

（六）母种分离的种耳标准

作为银耳母种分离的种耳，来源于野生和人工栽培的群体中。野外采集标本时，必须注意生态环境，特别是植被和植物群落组成；了解其生存独特环境的基质；采集地的气温、地温、湿度、光照强度等，为驯化提供原始参考资料。各地科研部门，对银耳菌种驯化已取得成效，许多菌株已通过人工大面积栽培，成为定型的速生高产菌株。

现有银耳制种，大部分是从人工栽培中选择种耳。下面介绍标准的种耳应具备的条件。

1. 种性稳定

经大面积栽培，普遍获得高产优质，且尚未发现种性变异或偶变现象的菌株。

2. 生活力强

菌丝生长旺盛，原基分化正常，出耳快，长势好；耳肉厚，叶片粗，展片疏松，形似牡丹花的新鲜子实体；基质和子实体无发生病虫害。

3. 确定季节

种耳以春秋产季为好，冬春产季，耳花展片差，不宜使用。

4. 成熟程度

通常以接种后 30 天左右，子实体展片成型、弹性强时采集。此时若在种耳的底部铺上一张塑料薄膜，1 天后用手抚摸，有滑腻的感觉，这就是已弹射担孢子。

5. 必要考验

采集室内栽培的银耳子实体，还必须在群体中，将被选的菌袋搬到环境适宜的野外，让其适应自然环境，考验1～2天后取回。

6. 入选编号

确定被选的种耳，适时采集1～2朵，编上号码，作为分离母种的种耳，并标明原菌株代号。

（七）母种分离常用方法

目前银耳母种的分离，常采用孢子分离法、组织分离法和基内菌丝分离法3种，其特点如下。

1. 孢子分离法

又称孢子弹射法。它是利用银耳子实体上含有银耳纯菌丝和香灰菌丝两者附着的特征，通过人为采集，让其弹射有性孢子（担孢子）萌发成菌丝，来获得菌种的一种方法。

2. 组织分离法

它是利用子实体的组织块或在银耳原种瓶中提取白色扭结团（白毛团），移接到斜面培养基或木屑培养基上，在适宜的条件下，培育成母种的一种简便分离法，这是属无性繁殖法。其操作容易，后代能保持原菌株的优良种性，不易发生变异，所以广泛被采用。但如果子实体感染病毒，用此法得到的菌丝容易退化；若种耳片太老，此法得到的菌丝，成活率也很低。

3. 基内分离法

也就是在生长子实体的栽培袋群体中，选取标准种耳后，割去子实体，取其袋内耳基含菌丝体的部位；或选取长有银耳的段木，割去子实体和削掉树皮及表层木质部，然后劈成小木片或捣碎。从这两种基内获得的分离材料，移接于斜面培养基中央，在适宜条件下即可萌发菌丝，再进行提纯转管培养成母种。

（八）孢子分离与提纯技术

银耳子实体成熟时，会弹射出大量孢子。孢子萌发成菌丝后培育成母种。孢子的采集与提纯具体技术如下。

1. 分离前消毒

采集的种耳，表面可能带有杂菌，可用75％酒精擦洗2～3遍，然后再用无菌水冲洗数次，用无菌纱布吸干表面水分。分离前，还要进行器皿的消毒。把烧杯、玻璃罩、培养皿、剪刀、不锈钢钩、接种针、镊子、无菌水、纱布等，一起置于高压灭菌器内灭菌。然后连同酒精灯和75％酒精或0.1％升汞溶液，以及装有经过灭菌的琼脂培养基的三角瓶、试管，经过消毒后的种耳等，放入接种箱或接种室内进行1次消毒。

2. 孢子采集方法

具体可分整朵插种、三角瓶钩悬、试管琼脂或木屑培养基贴附3种方法。操作时要求在无菌条件下进行。下面介绍三角瓶钩悬法:将消毒过的种耳,用剪刀剪取拇指大小的耳片,挂在钢钩上,迅速移入装有培养基的三角瓶内。耳片距离培养基 2～3 厘米,不可接触到瓶壁,随手把棉塞塞入瓶口,见图 4-4。为了便于筛选,1 次可以多挂几个瓶子。

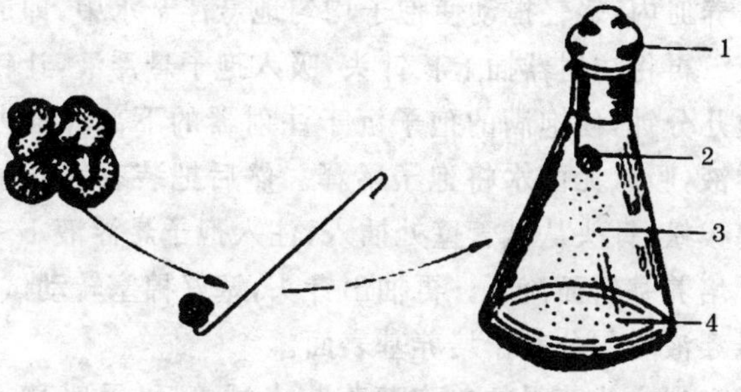

图 4-4　三角瓶钩悬法采集孢子

1. 棉塞　2. 种耳片上钩　3. 孢子　4. 培养基

3. 培养移接

种耳挂瓶孢子弹射后,及时移入 25℃下培养 24 小时。当看到培养基的上方有雾状的孢子后,再搬入接种箱内,取出钢钩和耳片,塞好棉塞,然后再置于恒温箱或培养室内培养 2～3 天。这时在培养基的表面上,就能看到白色糊状、边缘光滑的菌落,此系银耳分生孢子。因其形态、繁殖颇似酵母,故称为酵母状分生孢子,俗称"芽孢"。此时用接种针挑取少许的分生孢子,接入装有琼脂培养基的试管中继续培养,即得银耳菌丝或芽孢。

4. 提纯选育

孢子采集后还必须进行提纯。常用悬浮液注射法。在接种箱内用灭过菌的注射器，吸取 5 毫升的无菌水，注入盛有孢子的培养皿内，轻轻搅动使孢子均匀地悬浮于水中，即成孢子悬浮液。再将注射器插上长针头，吸入孢子悬浮液，让针头朝上静放几分钟，使饱满的孢子沉于注射器的下部。推去上部的悬浮液，吸入无菌水将孢子稀释。然后把装有培养基的试管棉塞拔松，针头从试管壁处插入，注入孢子悬浮液 1～2 滴，使其顺培养基斜面流下。再抽出针头，塞好棉塞转动试管，使孢子悬浮液均匀分布于培养基表面。

把上述方法获得的单孢菌落装入试管后，及时移入恒温箱内培养。在 23℃～25℃的条件下，经过 5～8 天培养，在培养基上可看到许多孢子堆，其边缘整齐、光滑，中间凸起，呈乳白色的菌落就是银耳纯孢子。获得纯孢子后，可在接种箱内，移接到新的试管培养基上进行扩大移接，并逐一标上代号和日期，在适温条件下进行培养。当培养基上长满菌丝时，即银耳纯菌丝和芽孢。银耳纯菌丝或芽孢还必须与羽毛状香灰菌混合培养，方可成为一级母种。

(九)组织分离操作技术

组织分离法，通常是指从子实体中分离获取菌丝，这是一种快速而又简单易行的诱变育种法，能在短期内收到较好的效果，所以常被制种户采用。银耳组织分离有两种方式，一是从耳片中分离孢子萌发菌丝；二是从菌丝扭结团（白毛团）分离，均能获得母种。下面分别介绍操作方法。

1. 耳片分离法

新鲜的银耳耳片表面，黏附有银耳纯菌丝和香灰菌丝，可以直接从耳片中获得银耳菌种。具体操作步骤与方法如下。

首先挑选种耳。可在封闭、无杂菌的菌种瓶中，专门培养长出的银耳子实体当中，挑选出耳前白毛团健壮丰满，并胶质化形成原基快、出耳早，子实体朵形圆正，耳片肥厚，叶片粗花、色泽洁白的作为分离材料。这种生长在无污染的瓶内空间和基质上的健壮子实体，所分离的菌种纯品率较高。也可以从银耳栽培袋的群体中，选择符合标准种耳条件的子实体，作为分离材料，但要认真做好消毒处理。

再将子实体剪取1厘米见方（小指甲大小）的小耳片，置于无菌水中冲洗或用酒精擦拭耳片表面，再用纱布吸干水分后；接入预先灭菌好的菌种瓶内木屑培养基上，让孢子散落萌发菌丝。1次接种30瓶以上，以供筛选。整个操作过程均在接种箱内进行。

然后置于23℃～24℃下培养，并逐日观察，发现杂菌污染的，立即淘汰。待孢子散落在培养基上，萌发成白色芽孢后取出耳片，塞好瓶口棉花。一般从耳片入瓶至芽孢出现需10～15天。当原有种耳部位出现小米粒大的白毛团后，用接种针钩取其中洁白、圆满的1粒，移接到木屑母种培养基上，在22℃～24℃条件下，继续培养30～35天。选其中香灰菌丝长势旺盛、分泌黑色素均匀、白毛团胶质化快、原基健壮、出耳早、朵形圆正者，待子实体长至拇指大或乒乓球大时，即成木屑母种，见图4-5。

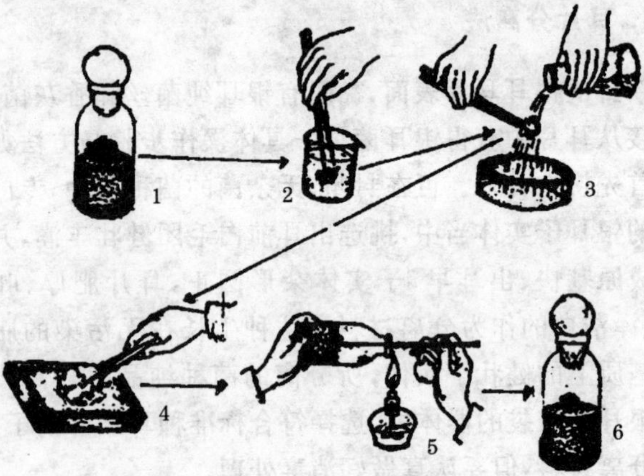

图 4-5　耳片分离示意

1. 出耳菌种　2. 耳片消毒　3. 冲洗
4. 吸干　5. 接种　6. 木屑母种

2. 单团分离法

单团分离法速度快，可在短期内生产出大量菌种。但只能一次性使用。如若反复使用容易引起香灰菌丝退化，影响产量。具体操作如下。

先在菌种室内选取性状符合商品性生产的菌种，其菌龄10天左右，作为分离材料。要求培养基表层菌丝生长健壮、白毛团圆满结实；培养基内香灰菌丝生长旺盛，分泌黑色花纹清晰，无杂菌污染，无害虫。

将其搬入接种箱内，打开瓶口棉塞，在众多的白毛团中，认真瞄准理想的1个，用接种针钩取单个白毛团，迅速移接到琼脂培养基或木屑培养基表面，每支试管或每个菌瓶移接1粒。1次移接40～50瓶，便于筛选。接种后在22℃～24℃条件下，经 10～15 天的培养和观察，待香灰菌丝蔓延斜面，白毛团周围出现晶状或淡黄色水珠，继而形成碎米状原基时，即为琼脂母种。接种在木屑菌种瓶培养基上的白毛团，一般经 30～35 天培养，子实体长至拇指大时，进行选优，即成木屑母种。

（十）基内分离操作技术

基内分离是从银耳子实体的基部分离出混合菌丝的一种方法。在银耳基内含有银耳纯菌丝和香灰菌丝，通过分离可以直接获得新的菌丝，培育成母种。具体操作技术如下。

1. 选种消毒

选出耳早、长势快、耳片洁白、朵形圆正、子实体直径 4～6 厘米，无杂菌污染、无病虫害的栽培袋。若是选用菌种瓶内生长子实体的，应敲破瓶子上半部，然后用利刀切去子实体，将其耳基作为分离材料。为防止耳基内可能潜伏杂菌和害虫，应将栽培袋（瓶）移入 0℃～4℃的冰箱内 24 小时，再用敌敌畏熏蒸，以冻死或杀死害虫和杂菌。后取出用 75％酒精进行栽培袋（瓶）及耳基表面消毒，连同接种工具和经过灭菌的母种培养基一起放入接种箱内。

2. 取基移接

将割去子实体消毒后的分离材料，在无菌操作下，用接种铲挖取耳基正方及周围较硬的基质块。用小刀将基质块剖开，将切面上半部的老菌丝连同耳基一起铲除，使之露出白色菌丝，以此作为分离材料。基内菌丝块移接方法有 2 种：一是散接：将基内菌丝块捣碎，反复搅拌后，用接种匙提取半匙菌种，移接到木屑培养基上；二是粒接：用接种针钩取米粒大的菌丝块，经搅拌后移接到木屑培养基上。上述两种方法均可，1次应接30～40瓶，以供筛选。

3. 培养认定

接种后置于22℃～24℃条件下培养3～5天，检查其接种块菌丝生长情况。有的可能只长香灰菌丝，有的可能长有杂菌，有的只长银耳纯白菌丝，有的长纯白菌丝和香灰菌丝混合体等。因此，必须进行认真鉴别，认定纯菌后继续培养8～10天。当散接的菌种瓶内培养基表面出现许多白毛团，香灰菌丝长势强壮，培养基上出现黑色花纹，粒接的菌种块比较集中，通常长出一簇白毛团，香灰菌丝长势同上。然后采取选优去劣，进行"单团纯化"。

4. 选优纯化

用接种针在散接法的培养基上，钩取1个洁白丰满的白毛团，移接在灭菌过的菌瓶木屑培养基表面中央，1次移接20～30瓶。在22℃～24℃条件下培养20天左右，白毛团分泌淡黄色或浅褐色水珠；继续培养10～15天，出现碎米状胶质化淡黄色的原基，并分化成子实体，前后共培养30～35天。然后选其中香灰菌丝长势强壮，分泌黑色素均匀，黑色花纹清晰；白毛团胶质化快，耳基强壮、出耳早、无杂菌污染、无病虫害的，即为银耳木屑母种。如果是在琼脂斜面上培养的，则宜用接种针钩取一小粒菌丝块，移接到琼脂斜面上，1次可移接20～30支试管。接种后在22℃～24℃条件下培养2～3天后，菌丝恢复生长，7天后在白毛团周围分泌无色或淡黄色水珠，此时从中选优去劣，经纯化培养，即为银耳斜面母种。基内分离法，见图 4-6。

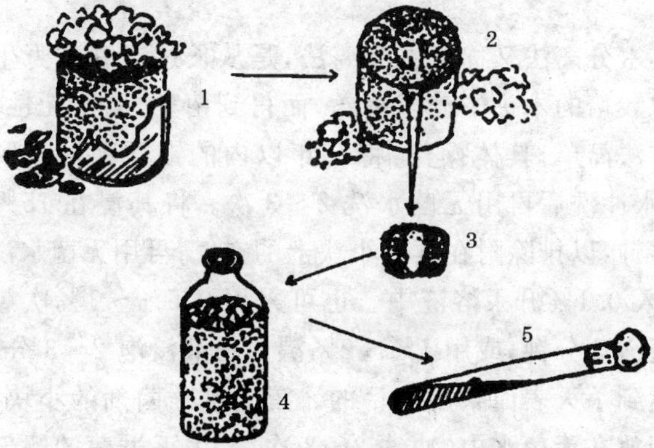

图 4-6　基内分离菌种示意

1. 破瓶　2. 取出菌丝块　3. 剥去木屑取基下菌丝
4. 接入纯化培养　5. 单团选育

5. 注意事项

上述分离的银耳木屑母种和斜面母种，都是银耳纯菌丝和香灰菌丝的混合菌种。此法比较简单，但要注意做好种耳筛选、消毒工作，严格执行无菌操作，否则会把杂菌带到母种上。同时，应注意分离的接种块的位置，要在耳基正下方 2 厘米及周围 2～3 厘米。由于银耳纯菌丝生长缓慢，在此范围内分布密集。如果离耳基太远，虽香灰菌丝生长很多，但银耳纯菌丝极少或无，这就可能出现香灰菌丝生长快，银耳纯菌丝处于弱势，接种后香灰菌丝长满袋，而银耳纯菌丝则不长。因此，采用基内分离出来的银耳母种，必须经过出耳鉴定，方可使用。

(十一)耳木分离操作技术

耳木分离法又称寄主分离法，是从长过银耳的野生或人工段木栽培的木头中分离菌丝，而得到菌种，属于无性繁殖。分离方法简单，具体操作：将2年以内的银耳种木截取一小段，用水冲洗后再用无菌水洗2～3次。将其浸在75%酒精内数秒钟，以排除附在耳木小块上的空气；再用无菌水洗去酒精，放入0.1%升汞溶液中。也可采用0.5%～1%次氯酸钠溶液浸泡2分钟，或用1%～2%漂白粉液浸泡2～3分钟，同样能达到杀灭表面杂菌的目的。浸泡过杀菌剂的小块耳木，应立即放在无菌水中，冲洗2～3次后，用灭过菌的解剖刀切去表层。将靠表层的木质层切成0.5厘米见方的小块，迅速放入试管培养基斜面或盛有琼脂培养基的培养皿中。然后置于恒温箱内培养4～6天，菌丝恢复生长，即可在小木块旁边挑取菌丝，移接在琼脂培养基上，经适温培养即成母种。

(十二)银耳纯白菌丝分离操作技术

单独分离银耳纯白菌丝和单独分离香灰菌丝，然后进行交合培养的母种，具有适应性好、抗逆力强、朵形美、产量高而稳的优点。然而银耳纯白菌丝的分离有其特殊性。它可以利用银耳纯白菌丝与香灰菌丝耐旱力不同，制定一种纯白菌丝分离方法：即将新鲜银耳分离材料的基质，通过干燥器逼干，使不耐旱的香灰菌丝先枯死，从中分离获得耐旱存活的银耳纯白菌丝。其操作方法如下。

1. 菌材选择

在室内外袋栽或瓶栽银耳群体中，挑选长势好、朵形圆正、色白、耳片粗花、肥厚的银耳。认真观察耳基周围是否污染霉菌或放线菌等，袋内颜色是否均匀，若发现污染杂菌或出现杂斑的一律去除。一般要求出耳后 10～13 天健壮期的为好，然后将挑选好的种耳袋(瓶)经表面消毒后，把子实体齐耳基切掉；挖出耳基正下方及周围较硬的基质块，再将基质块切成半个火柴盒大小的方块，作为分离材料。

2. 强行逼干

把基质块周围的木屑培养基刮除，将露出白色菌丝体的基质块，用卫生纸或纱布包好，置于“玻璃干燥器”中，用浓硫酸或五氧化二磷、变色硅胶置于干燥器底层，以此脱水逼干 10～15 天，使香灰菌丝枯死。或将基质块用纱布包好，挂在通风处，经 25 天左右风干后，也可进行分离。

3. 定位分离

经过干燥的菌材，在哪个部位分离菌丝，对种质均有别：取浅层分离的菌丝，容易发黄，并在试管内很快展开耳片，菌株生活力较弱，朵形小，易烂耳；若取深层分离的菌丝，生理成熟度低，也影响成活率。为了得到生活力旺盛并适合培养料栽培的菌株，必须取中层以下至深层部位的进行分离，得到的是纯白银耳菌丝。这种介于浅层和深层之间所分离的银耳菌种，成熟度适中，产量稳定。操作时将经脱水后的基质块，置于接种箱内，把菌丝剥开，在基质块内层，自上而下或从左至右，用接种针挑取呈白色菌丝的木屑小颗粒，移接在琼脂培养基上,1 次可接 20～30 试管。

4. 控温培养

接种后的试管,置于 22℃～24℃条件下,经 8 天左右的培养,银耳纯白菌丝可以恢复生长。而香灰菌丝已经干死了。当纯白菌丝出现后,用接种针挑取少许移接到琼脂培养基上,进行培养。若分离培养后还出现香灰菌丝,应继续将分离材料干燥,使香灰菌丝全部死亡,才能获得银耳纯白菌丝。此外,如果培养基偏湿或表面存在水滴,培养后则易出现以酵母状分生孢子的方式进行增殖,或同时出现银耳纯白菌丝与酵母状分生孢子。银耳纯白菌丝生长十分缓慢,一般在适温下培养 20 天左右,菌落只有豆粒大小。利用干燥器逼干,见图 4-7。

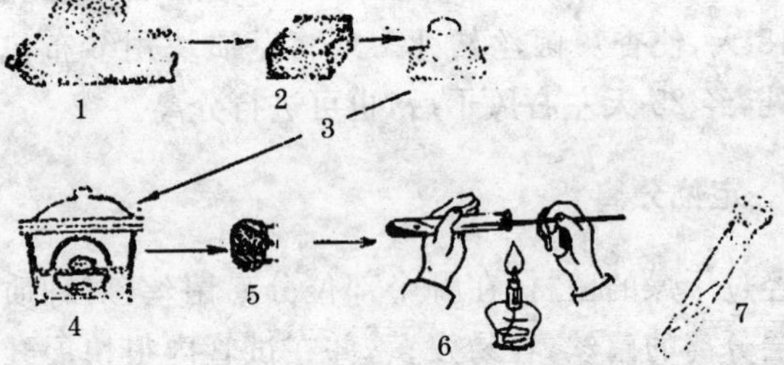

图 4-7 银耳纯白菌丝分离法

1. 袋栽银耳割掉子实体 2. 取出分离材料 3. 去掉疏松木屑的基质块 4. 放入干燥器内逼干 5. 分离部位取中 6. 接入试管内 7. 棉花塞口

5. 提纯扩大

上述第一次分离出来的银耳纯白菌丝,待长到黄豆粒大小的菌落时，应进行纯化扩大培养。其方法是用接种针在银耳菌落边缘，挑取小米粒大小带培养基的银耳纯白菌丝，移接到试管培养基斜面上，每管斜面接2～3个点。然后置于23℃～25℃条件下培养10天左右。当接种点周围出现白色短密的菌丝，形状似绣球状的白毛团，培养基不变色时，即成银耳纯白菌种。纯白菌种只能说是培育母种的材料，因为它需要香灰菌丝的混合，才能形成母种。

（十三）香灰菌丝分离操作技术

获得银耳纯白菌丝后，还得分离"开路先锋"的拌生菌香灰菌丝，其来源与分离技术如下。

1. 种木中分离

在野生银耳生长的木头中或栽培银耳的段木中，都存在抗逆性及分解基质能力较强的香灰菌丝，经过驯化培养，其后性状都十分优良。袋栽银耳的培养基内的香灰菌丝，常因反复移植使用，生命力不如前者旺盛。香灰菌丝分离时，选取子实体洁白、朵大、开瓣清楚、无病虫害、无烂头和无杂菌的种木，在靠近子实体基部，截取一段作为分离材料。在接种箱内割掉子实体，通过熏蒸灭菌。然后从木材断面褐色花纹较密处，切下一小块木材，用0.1%升汞溶液进行表面消毒后，放在培养皿内。再用经火焰灭菌过的解剖刀，削去木材外部，用刀尖将木材切成粗细如同火柴梗，长为0.5厘米的小段。取一小段接入琼脂培养基的斜面上，移接后的试管置于24℃～28℃条件下，培养5～6天后菌丝萌发。随着培养时间的延长，菌丝产生色素溶入培养基中，使之变成黑色。当菌丝长至斜面 1/2 时，挑取菌落前端的菌丝，转管纯化培养 4～5 天，即可得到纯香灰菌丝体。

2. 木屑培养基中分离

在接种箱无菌条件下，打破银耳菌种瓶底部或在袋栽培养基深层，选取香灰菌丝生长的前端，如大理石状黑色花纹上，挑取米粒大的培养基，移接在琼脂培养基斜面上，培养2～3 天后斜面上的接种点出现灰白色菌丝，继续培养 1～2 天，气生菌丝呈绒毛状，能分泌黑色素使培养基逐渐变为棕黑色。当菌丝长至斜面 1/2 时，挑取生长旺盛、爬壁力强的香灰菌丝的前端，转管纯化。香灰菌丝生长较快，在 24℃～28℃条件下培养 4～5 天，便可获得纯香灰菌丝。

（十四）两种菌丝交合育成母种操作技术

银耳纯白菌丝和香灰菌丝单独分离时，由于分离技术不同，分离效果也不一样。大致可以得到下列几种结果：得到银耳纯白菌丝，只得到羽毛状香灰菌丝，得到银耳纯白菌丝和香灰菌丝，得到酵母状分生孢子和香灰菌丝。如果有杂菌干扰，情况就更复杂了。为了得到有生产价值的菌种，在分离的第一周内，必须每天观察 1 次，判断认定：银耳纯白菌丝或香灰菌丝，各已单独分离出来后，方可用作交合母种。

1. 两种菌丝辨别

下面介绍两种菌丝的特征，以便识别。

(1)银耳纯白菌丝的特征　白色、淡黄色，以及白至黄的各种中间色。气生菌丝直立、斜立或平贴于培养基表层，基内菌丝生于培养基里面。菌丝直径1.5～3微米，有横隔膜，有明显的锁状联合，生长速度比一般食用菌缓慢。在培养基表面会出现扭结的菌丝团，并逐渐胶质化，变成小原基，长成小耳片。当双核菌丝开始胶质化时，标志着菌丝已进入结实阶段。双核菌丝移植后，或继续长菌丝，或迅速胶质化，或变成酵母状分生孢子。它取决于菌龄、发育程度、培养基表面的游离水和机械刺激等。

(2)香灰菌丝的特征 初期白色，常有特别细长的主干和侧生的、略呈羽毛状的分枝，老菌逐渐变成浅黄、浅棕色，培养基逐渐由淡褐色变为黑色或黑绿色。培养基表面的气生菌丝呈灰白色、细绒状，有时有碳质的黑疤。分生孢子梗呈扫帚状，一般少见，若产生时为黄绿色至草绿色，近椭圆形，直径3～5微米。在段木表面可形成扁平黑色的子座。已知羽毛状香灰菌丝绝不单是1个种，可能有2个属3～4个种。

2. 两种菌丝交合方法

经纯种分离法而得到单一的银耳纯白菌丝或香灰菌丝。如果单独接种在棉籽壳或木屑等培养基上培养，无法形成银耳子实体。在生产上必须经过两者混合培养后，才能形成高产优质的银耳子实体。因此，人工培育的银耳菌种，必须是银耳纯白菌丝与香灰菌丝的混合体。两种菌丝交合培养成母种，一般需要30天左右。其具体交合的方法有2种。

(1)在琼脂培养基上交合 如果是用芽孢进行混合培养，应先接种少许芽孢，待芽孢萌发形成银耳菌丝后，再接种香灰菌丝。如果是用银耳纯菌丝进行混合培养，应将一块带琼脂培养基米粒大的银耳纯白菌丝，移到另一支琼脂斜面上，置于22℃～24℃条件下培养5～7天，待银耳菌落直径达1厘米以上时，在其旁边接入一小点带琼脂培养基的香灰菌丝。在相同温度下继续培养7天左右，出现绣球状白毛团；10天后在白毛团上方出现无色或淡黄色水珠。香灰菌丝快速生长布满整个培养基，并分泌黑色素，使琼脂培养基底部呈黑色。这种混合菌丝体的银耳母种，1支试管一般只接1瓶原种。

(2)在木屑培养基上交合 先提取银耳纯白菌丝团，连同花生米大的一块琼脂培养基，接入木屑培养基中央；同时用接种针连同培养基挑取小米粒大的一块香灰菌丝，移接在菌种瓶的木屑培养基上，两种菌丝块紧放一起。然后置于空气相对湿度70%以下、22℃～24℃条件下，培养15天左右。待香灰菌丝长至培养基3～4厘米深，瓶壁上可见黑色花纹；白毛团分泌淡黄色或浅褐色水珠时，继续培养5天，白毛团形成胶质化，出现淡黄色原基，并逐渐长出拇指大的子实体时，即成木屑培养基母种。

(十五)银耳“非专一性”分离择优交合育种方法

长期以来，我国银耳菌种分离方法强调“专一性”，即银耳菌丝和香灰菌丝的“专一性”，分离时必须在同一耳木或同一袋木屑培养基上，分别获得银耳纯菌丝(包括酵母状分生孢子)和香灰菌丝进行交合，而不同地区或同一地区、不同耳木或不同木屑培养基获得的两种菌丝，不能随意调换，否则就有失败的可能。因此，这种“专一性”的分离制种，形成了传统方法。

1993年以来，古田县兴达银耳研究所张汉文所长，在不同栽培地点、不同菌株、不同木屑培养基内，分离出银耳菌丝与香灰菌丝，通过培养后进行择优调换，互相错开交合。从母种、原种、栽培种，直至用于袋栽生产，它与对照组“专一性”相比较，菌丝生长状况与出耳时间、品质及产量都比对照组强。这说明了银耳菌种分离材料，可以从异地引进野生或段木的香灰菌丝与当地木屑袋栽培银耳纯白菌丝交合。该所每年都从四川通江等段木栽培的产地，引进长过银耳的段木，分离香灰菌丝，再与古田袋栽银耳纯白菌丝交合，获得理想菌株。近年他以这种“非专一性”交合育种方法，完成了宁德市科技局《征集野生银耳种源选育优良菌株研究》项目，选育出抗性强、产量高的 2 个新菌株，2009 年 11 月 8 日经专家现场验收感到满意。

（十六）母种转管扩接方法

一般对分离获得的一代母种，都要进行扩大繁殖。即选择菌丝粗壮、生长旺盛、颜色纯正、无感染杂菌的试管母种，或从科研部门引进母种，为满足生产需要，都要进行转管扩大繁殖，以增加母种数量。银耳混合菌丝的试管母种，一般每支只能扩接成 2～4 支。但转管次数不宜过多。因为转管次数太多，菌种长期处于营养生理状态，生命繁衍受到抑制，势必导致菌丝活力下降，营养生长期缩短，子实体变小，片薄，朵小，影响产量和品质。因此，母种转管扩接，一般以 3 次为宜。母种转管扩接无菌操作方法，见图 4-8。

（十七）原种和栽培种培养基配制技术规程

银耳原种和栽培种是采用固体培养基，即木屑培养基。为确保菌种生长发育良好，在培养基选料和配制上必须把握

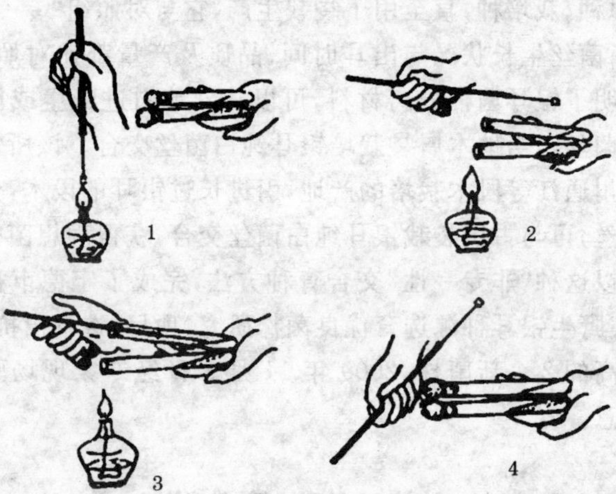

图 4-8　母种转管扩接无菌操作示意

1. 接种针消毒　2. 拔去棉塞　3. 转管接种　4. 棉塞封口

好以下几点。

1. 精选原料

选用适合银耳菌丝生长的树种，实践表明，山乌柏、盐肤木、油桐、米槠、野漆、黄连木、杧果、栓皮栎、白蜡树等较为理想。加工成木屑不宜太粗，一般以麦麸、米糠状细度为好。此外，甘蔗渣也可利用。

2. 合理配方

现在银耳原种和栽培种的培养基配方，常用以下 3 种。

配方一　木屑 67%，麦麸 30%，蔗糖 1.5%，石膏粉 1.5%。

配方二　木屑 70%，麦麸 25%，蔗糖 3%，石膏粉 1.5%，硫酸镁0.5%。

配方三　甘蔗渣72%，米糠24%，黄豆粉3%，碳酸钙1%。

3. 拌料均匀

把晒干的适生树木屑，同麦麸或米糠、石膏粉先搅拌均匀，把蔗糖和硫酸镁置于水中溶化后，混合于料中；然后反复搅拌均匀，过筛，将结团打散。

4. 水分达标

按每100千克干料，加入清水130升左右，含水量掌握在60%～63%。拌匀待水分渗透料心时进行检测，通常以手握紧培养料能成团而不松散，指间有水溢出1滴，即为适当的含水量。如果有水珠成串下滴，为含水量过多；若无水痕渗出，则含水量不够。在气温高的季节里制种时，若有空调设备，培养基的含水量也可稍多一些，应灵活掌握。培养基的pH值为5～6。

5. 装料适量

把调制好的培养料，装入700～750克的玻璃菌种瓶中。装入后压实，表面按平。银耳菌种装料量与众不同，原种装料占2/3瓶量，栽培种只装1/2瓶量。装料后将瓶内外壁和瓶口擦净，用棉花塞口，及时装锅灭菌。

6. 灭菌彻底

培养基灭菌是否彻底，关系到菌种的成品率，务必注意。高压灭菌，以0.152兆帕(128.1℃)压力保持1.5～2小时。

常压灭菌旺火升温至100℃后，保持10～13小时，再利用灶内余火焖2小时。灭菌达标后，去盖让水蒸汽散发，并利用锅内余温，将瓶口棉塞烤干，冷却4～6小时。高压蒸汽灭菌，又称加压灭菌。它是根据蒸汽的温度和蒸汽压力成正比，即压力升高，沸点也升高的原理进行灭菌。

7. 卸锅冷却

培养基灭菌达标后，及时卸锅，排放于干净冷却间散热。操作时注意防止破瓶、防止潮湿。冷却至28℃以下时，方可转入接种工序。

（十八）银耳原种制作技术

原种实际是母种的扩大延续繁殖。银耳试管母种，每支一般只能扩接成原种1瓶；而木屑培养基的母种1瓶，可以扩接成原种40～50瓶。原种主要用于扩大繁殖栽培种，原种也可直接用于栽培生产和用作出耳试验。原种制作技术规程与方法如下。

1. 母种质检

在扩繁原种前，第一关是检验用于扩繁原种的母种，具体进行"三看"：一看标签。试管或菌瓶上的标签，是否符合所需要的品种；二看菌丝。菌丝有否退化或污染杂菌，若有宁弃勿用；三看活力。银耳原基是否正常分泌水珠，香灰菌丝黑褐色延伸是否正常。菌龄较长的菌种，斜面培养基上的原基胶质化萎缩，前端部位菌丝干涸，这种老化菌种最好不用。如果是在冰箱中保存的母种，要提前取出置于25℃以下活化1～2

天再用。如为在冰箱中保存超过3个月的母种,最好要转管扩接培养1次后再用,以利于提高原种的成活率。

2. 严格消毒

母种对外界环境的适应性较差,抵抗杂菌能力不强,所以转接成原种时,必须在接种箱内进行,且要求严格执行无菌操作,才能保证原种的成活率。因此,在接种前24小时,必须把接种箱进行熏蒸消毒。按每立方米空间,用气雾清毒盒2～3克,点燃后产生气体杀菌;或用甲醛8毫升,高锰酸钾5克,混合产生气体消毒。然后把试管母种或木屑母种和原种培养基,连同接种工具搬入箱内,并把母种用牛皮纸包裹或纱布遮盖。在接种前30分钟,用5%石炭酸溶液喷雾消毒1次,同时打开紫外线灯照射20～30分钟。工作人员洗净手,并更换工作服。

3. 接种方法

银耳母种培养基不同,扩接原种的方法有别,其具体操作方法如下。

(1)试管母种扩接原种 原则上是按1∶1的比例接种,即1支试管母种,只接1瓶木屑原种。若试管中长有2个白毛团的,可接2瓶原种。接种时第一步用接种针在斜面银耳母种的白毛团周围划一圈,再挑起整颗团粒连同琼脂,迅速通过酒精灯火焰接入原种培养基上,接入时注意将白毛团菌丝面朝上;第二步同时在斜面培养基前端,挑取长势强壮的羽毛状黑色香灰菌丝一小点,接入白毛团旁边,使它与其拌生。

(2)木屑培养基母种扩接原种 选取已长有银耳子实体的木屑培养基母种1瓶,与经装料灭菌的原种料瓶,按40～

50 比例，连同接种工具一起搬入接种箱内，采取无菌操作进行破瓶取种法。即用接种刀小心地敲去母种瓶的上部，再用接种刀刮除耳基上部的结块和黑点。然后取 1 瓶经灭菌后的原种培养基，横置于接种架上，瓶口接近酒精灯火焰；用接种匙在木屑母种的耳基周围约 3 厘米处挖取菌丝体。选取中、下部位菌丝体，迅速移入原种培养基瓶中，连同原种培养基一起进行反复搅拌，使两种菌丝在料中混合均匀；然后用接种匙从中提取一小匙的菌种，接入原种培养基上。也可以在母种的菌丝块中，钩取一颗米粒大的菌丝体，接入原种培养基中央。俗称“单粒过冷”移接法。这种移接的原种，也可作为一次性木屑母种使用。银耳木屑母种扩接原种，见图 4-9。

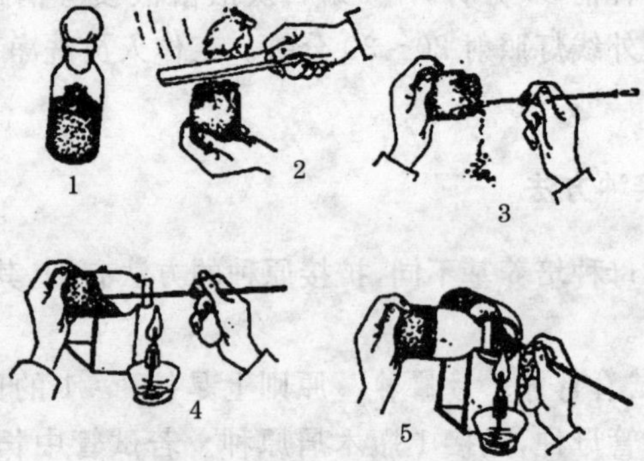

图 4-9 银耳木屑母种扩接原种

1. 木屑母种 2. 击碎种瓶上部 3. 挖掉表层菌丝
4. 放入料瓶内拌匀 5. 接种在原种培养基上

4. 控温培养

接种后的原种，及时排放于培养架上，瓶距 2～3 厘米，前期温度 23℃～25℃，10 天后调低 1℃～2℃，空气相对湿度 70%以下，微量散射光线，定期开窗通风。原种培养时间视母种基质和接入量多少而定，木屑母种提取一小匙种量的，只需培养 15～20 天；采用琼脂母种或木屑“单粒过冷”移接的需要 25～30 天。原种成熟的标准是以菌丝伸展距离瓶底 2～3 厘米，料面菌丝中的原基形成胶质化的幼耳 1.5～3 厘米，即可用于扩繁栽培种。

（十九）银耳栽培种制作技术

栽培种在菌种级别中为三级种，是由原种扩大延续繁殖的下一层。每瓶银耳原种，一般可扩接成栽培种 50～60 瓶。银耳栽培种菌龄局限性很强，菌龄太短，白毛团稀少，萌发力弱，栽培时难管；菌龄太长，抗逆力差，对产量也有影响。栽培种的培养基含水量可稍高些，有利于银耳酵母状分生孢子的出现，使孢子渗透培养基深层，同香灰菌丝混合，可以弥补银耳菌丝吃料不深的缺陷，使出耳率更高，更稳定。

银耳原种扩接栽培种时，将表层幼耳和菌被，用接种铲刮除；然后取料下 4 厘米以内或占瓶内菌丝体 1/2 量的菌丝体，刮碎、充分拌匀，使银耳纯菌丝与香灰菌丝两者混合均匀。原种接入栽培种的瓶内后，用手掌拍打瓶壁，使菌种均匀散布料面。接种后的排瓶、控温、光线、通风管理方法与原种同。栽培种的菌龄，现代新要求一般 6～10 天，最适为 7～9 天。一般羽毛状香灰菌丝伸入料层 1/2，料面呈现许多米粒状大白毛团时，即可用于生产。栽培种应用于生产时，必须提前 24 小时进行搅拌均匀，使两种菌丝与瓶内下半部菌丝没有伸透的培养基混合均匀，才能确保出耳率。原种扩接栽培种，见图 4-10。

图 4-10 原种扩接栽培种

(二十)银耳接种规范化操作技术规程

无论是母种、原种或栽培种,在整个接种过程都必须严格执行规范化操作技术规程。

1. 把握料温

原种和栽培种培养基经过高压灭菌出锅,通过冷却后,一定要待料温降至 28℃以下时,方可转入接种工序,防止料温过高,烫伤菌种。

2. 环境消毒

接种前对接种箱(室)进行消毒净化,接种空间保持无菌状态。工作人员必须换好清洁衣服,用新洁尔灭溶液清洗菌种容器表面,同时洗手。然后将菌种带入接种室(箱)内,取少许药棉，蘸上75%酒精擦拭双手及菌种容器表面、工作台面、接种工具。

3. 掌握瓶量

原种培养基1次搬进接种箱内的数量不宜太多，一般双人接种箱，1次装入量宜80～100瓶，带入相应数量的母种或原种；单人接种箱减半。如果装量过多，接种时间拖延，箱内温度、湿度会发生变化，不利于接种后的成品率。

4. 菌种净化

将待接种的培养基（如PDA培养基、原种培养基或栽培种培养基）放入接种箱内或室内架子上，用药物熏蒸，或采用紫外线灯照射20～30分钟，注意用报纸覆盖菌种，防止紫外线伤害菌种。

5. 控制焰区

点燃酒精灯开始接种操作，酒精灯火焰周围8～10厘米半径范围内的空间为无菌区，接种操作必须靠近火焰区。菌种所暴露或通过的空间，必须是无菌区。

6. 缩短露空

接种提取菌种时，必须敏捷、迅速接入扩接的料瓶内，缩短菌种块在空间的暴露时间。

7. 防止烫菌

接种针灼烧后温度上升，不要急于钩取菌种，必须冷却后再取种；菌种出入试管口时，不要接触管壁或管口；也不宜太慢通过酒精灯火焰区，以防烫死菌种。

8. 扫尾清残

每次接种完毕，把菌种搬离箱（室）后，进行 1 次清除残留物，再消毒，以便再利用。

（二十一）菌种培养管理关键技术

菌种培养科学管理的“五关键”。

1. 检查观察

各级菌种在扩繁接种，转入培养管理后，第一关就是检杂除害。起检时间一般是接种后 3 天进行，以后每天 1 次。检查方法：用工作灯照射菌种瓶，认真观察接种块和培养基表面瓶内四周，有否出现黄、红、黑、绿等斑点或稀薄白色菌丝蔓延，稍有怀疑，宁严勿留。一经检查发现污染杂菌，立即隔离，作杜绝污染源处理。

2. 控制适温

菌种培养室应控制在 22℃～23℃为宜。专业性的菌种厂必须安装空调机，以便调节温度。越冬升温采用室内安装暖气管，锅炉蒸汽管输入暖气片，使暖气管升温，这种加温设备很理想。采用空调机电力升温更好。一般菌种厂可在培养室内安装电炉或保温灯泡升温。要注意瓶内菌温一般会比室温高 2℃～3℃，因此升温时，应掌握比适温调低 2℃～3℃为宜。随着菌丝生长发育进展，菌温也逐步上升，因此在适温的基础上，每 5 天需降低 1℃，以利于菌种正常发育。

3. 干燥防潮

菌种培养是在固定容器内生长菌丝体，只要培养基内水分适宜，湿度控制比较容易。培养室内的空气相对湿度要求控制在70%以下，目前主要依照自然条件即可。但在梅雨季节，要特别注意培养室的通风降湿。因为此时外界湿度大，容易使棉花塞受潮，引起杂菌污染。这个季节可在培养室内存放石灰粉吸潮，同时利用排风扇等通风除湿。若气温低时，可用加温除湿的办法，降低培养室内的湿度。

4. 排除废气

冬季煤炭加温时，要防止室内二氧化碳沉积伤害菌丝。在培养温度控制时，应注意通风换气。在菌种排列密集的培养室内，注意适当通风。培养室内上、下各设若干窗口，便于冷热空气对流通风。窗口大小依菌种数量多少、房间大小而定。

5. 适度光照

银耳菌种培养需要散射光，有利刺激香灰菌丝发育，吸收养分供芽孢萌发。但不可阳光直射，以免培养基水分蒸发。

银耳制种专家古田县成丰食用菌研究所江寿根所长，地址：福建省古田县大桥镇新竹路16号，咨询电话：(0593)3653003，手机：13062176686。

(二十二)银耳菌种质量鉴别

银耳菌种与其他菇类菌种差异较大，鉴别优劣要按照不同种级和类型，进行认真观察。下面介绍感官判断种质优劣。

1. 试管母种

试管母种指的是斜面琼脂母种，优质母种感观标准，见表4-1。

表 4-1 银耳试管质量标准

项目	感观指标
菌龄	琼脂母种一般在适温下接种后培养 13～18 天为适龄菌种，其菌丝生活力旺盛
白毛团	颗粒饱满，圆正，色泽洁白，气生菌丝直立或斜立，平贴在培养基上，分泌无色或含黄色水珠。15 天后白毛团分化成碎米状原基和耳芽
香灰菌	呈黑褐色，布满琼脂培养基，气生菌丝灰白色、羽毛状爬向管壁，走势旺盛

符合上述条件者，可认为优质母种。如果白毛团气生菌丝呈萎黄、倒伏状，无拌有水球，或原基干枯萎缩；香灰菌气生菌丝在管壁收缩，培养基与管壁已脱离，这说明菌种已老化，生活力差，不合格。

2. 木屑母种

银耳菌种在实际生产中，多采用菌种瓶木屑培养基母种。优质木屑培养基的母种，要达到以下标准，见表 4-2。

表 4-2 银耳木屑母种质量标准

项 目	感 观 指 标
菌 龄	木屑母种均为混合菌丝体，在适温条件下培养 30 天左右，列为适龄菌种
菌丝体	菌丝黑褐色，走势整齐，满瓶；伴有深绿色或黄褐色的分泌物，逐层伸展呈花纹状；菌丝无出现间断、拮抗线、杂斑
子实体	生长于培养基表面中央，如拇指大，呈现晶莹洁白、朵状美观、耳片厚密，舒展有力，无附着污染物

符合上述条件者，可认定为优质木屑母种。如若培养基与瓶壁明显脱离，基质松散，菌丝伸展有间断、有杂斑或拮抗线；耳基变淡红色或出现大量褐色液体，或子实体萎黄，畸形耳状差，或有杂菌污染霉烂等，这些均属不合格，应淘汰。

3. 原 种

银耳原种是由试管母种或木屑母种移接育成的。优质原种必须符合以下标准，见表 4-3。

表 4-3 银耳原种质量标准

项 目	感 观 指 标
菌 龄	在适温环境条件下，试管母种或木屑单粒母种，接种后 25～30 天为适龄；木屑母种散接的，一般生长较快，15～20 天为适龄。菌龄太短，生理成熟度不够；菌龄太长，影响扩接栽培种后的出耳时间
菌丝体	培养基与瓶壁紧贴，菌丝状分布黑褐色，走势健壮有力，接近瓶底 2～3 厘米；搬动后也出现墨绿色和黄褐色分泌物；无出现间断、杂斑和拮抗线

续表 4-3

项　目	感　观　指　标
原　基	生长于培养基表面，出现胶质化幼耳梅指大小至3厘米，伴有酱油色或棕红色分泌物的粒状水珠

符合上述条件者，可认定为优质原种。如若培养基干缩，菌丝有衰退现象，走势不齐，有间断、斑点和拮抗线，夹有杂菌或在原基上布有一层白色棉絮状的菌膜或原基萎烂、收缩、霉烂等列为不合格，应淘汰。

4. 栽培种

栽培种感观标准，见表 4-4。

表 4-4　银耳栽培种质量标准

项　目	感　观　指　标
菌　龄	栽培种一般 6～10 天均可，最适菌龄 7～9 天。5 天菌龄太幼、萌发力弱，菌龄超过 10 天，菌丝老熟，抗逆力差，这是银耳栽培种的一个独有特征
香灰菌	香灰菌丝灰白色，分泌黑色素，爬壁力强，瓶内现浅黑色花纹，长势健壮有力，分布均匀整齐；伸入培养基深层 3～4 厘米，占培养料 1/2 左右；无出现节斑、间断，无杂菌污染
白毛团	料面布满许多小米粒或绿豆粒大小的白毛团；色泽洁白，颗粒丰满；气生菌丝布满团，健壮；伴有少量无色或深黄色水珠

符合上述条件者，可认定为优质菌种。若香灰菌丝稀薄纤弱，长势不齐，中间出现间隔，培养基出现绿、红、黑、黄等颜色斑点，证实为杂菌污染。若表面出现灰白色小粒团，与白毛

团对比有明显差异，证实为有“杨梅霜杆菌”混生，此类属于劣种，应淘汰处理。

上述木屑三级不同菌种的检测项目，有区别的是母种原种和栽培种，由子实体、原基白毛团，逐级年轻化。菌种质量的优与劣，除感官检测外，还可应用栽培经济指标，如接种后成活率、出耳快慢、子实体商品性状及鲜耳干燥率等验证。所以，真正菌种的优与劣，还是需要做栽培出耳试验，才能做出最终判断。

（二十三）菌种污染原因与避免措施

在三级菌种生产的过程中，常会发生杂菌污染。因此，必须高度重视，严格无菌操作，注意每个环节尽可能不受杂菌侵染，使菌种成品率提高。

1. 污染原因

菌种污染原因主要来自以下 4 个方面。

（1）培养基污染 组成培养基的各种原料，本身不同程度地混有杂菌或杂菌孢子。如果消毒灭菌不彻底，培养 5 天左右，在培养基表面和内部就会同时发生杂菌。

（2）菌种本身污染 由于母种、原种本身不纯，污染上杂菌，突出表现在接入的菌种块周围培养基上。混有杂菌的菌种，会导致逐级扩大成批污染。因此，制种过程要求认真严格进行检查，稍有一点怀疑，就不可采用。

（3）操作污染 在确认母种或原种纯度较高，而且在培养基已彻底灭菌的情况下，发现被转接的培养基表面（包括种块周围）出现杂菌污染时，说明接种室（箱）、用具、菌种瓶表面及操作人员的手和工作服等消毒处理不好，或是违反了接种操作规程而造成的污染。

(4)环境污染 由于培养室消毒不彻底，或者菌种瓶棉塞潮湿，或者瓶口洗得不干净，常造成杂菌污染。这种污染表现在培养料表面或料内。

2. 防止污染措施

杜绝污染源，必须从以下 7 个方面着手。

(1)讲究配料 用于制作菌种的培养料，其原料要新鲜。难吸水的培养料，应先用足够的水预湿，充分拌匀后，及时装瓶上锅灭菌，搁置时间不宜超过 5 小时。

(2)细心装料 根据培养料性质、灭菌方法等，选用合适的菌瓶。培养料装料按不同级别菌种要求的装料量达标时，抹净瓶口，然后加棉塞，以免水分和培养料把棉塞沾污。制作母种注入琼脂培养基时，切勿黏糊在试管口上。管口棉塞要松紧适中，过松易侵入杂菌。

(3)灭菌彻底 在灭菌时，试管要竖放，料瓶摆放要留空隙，棉塞不能互相挤压。根据培养料和容器装置，确定灭菌蒸汽压力(或温度)及灭菌时间，一定要达标。操作时注意排净灭菌锅内的冷空气，灭菌达标后放气速度要慢。

(4)无菌操作 料袋灭菌后冷却至不烫手时再搬动，可减少瓶壁破裂。接种器具要保持洁净，用前要消毒。接种时每个环节都要严格按照无菌操作规程进行，防止"病从口入"。

(5)精选良种 选用无污染，菌丝生长健壮的适龄母种和原种。根据不同级别的菌种质量标准，接种前认真检查对照，若有怀疑，宁弃勿用。

(6)净化环境 培养室要通风、干燥，启用前清扫、消毒。

菌种培养期间，每天要适当通风，当空气相对湿度大于70%时，要开吸湿机、空调机或用生石灰等降低室内湿度。

(7)定期检查 接种后5天检查1次是否有污染。污染杂菌的菌种，要及时拣出处理，并找出原因，加以防治。同时还要预防老鼠、蟑螂等带入杂菌。

(二十四)菌种退化原因与防止措施

生物界有进化，也有退化，这是客观规律。菌种通过自然选育、有性杂交、人工诱变和细胞融合等方法，选育出优良菌株，再经过菌丝无性繁殖，应用于生产。从遗传学上看，这样无性繁殖后代，一般都能保持固有的遗传特性。但一个新菌株育成后，推广数年后由于种种原因，必然造成菌种退化。退化的菌种很难恢复原状，所以不能应用于生产。

1. 退化原因

退化的菌种其菌丝在培养基上生长很慢，长势弱，稀疏，伸入培养基深层无力，分泌色素差。子实体形态不一致，大小、厚薄不等，颜色也有所改变。出耳慢或中途停止发育，产量低。菌种的这种生态表现，如果不是栽培技术和环境因素的影响，那就是菌种退化。其原因主要有以下几方面。

(1)基因突变 基因突变是菌种退化的主要原因。它可使原来纯的菌株变为不纯。银耳为异核细胞，当某一核发生不利的突变后，随着传代，核即发生分离，造成性状多样化，于是菌种出现变异，产量也随之发生变化。

(2)无限继代 银耳制种技术不只是少数科技人员所掌握和操作的，已成为群众性的生产技术。群众性菌种生产在技术和条件上差别很大，违反科学规程的现象时有发生。如有的制种户只做组织分离，不做出耳鉴定；有的把分离出来的菌种，直接应用于生产；有的无限制地继代，无限制地转管，这些做法都加速了菌种的退化。

(3)营养不良 目前多用斜面试管琼脂培养基(PDA)，它是微生物万能培养基。固体培养基多数用木屑、麦麸和米糠等，配方大同小异。使用基本相同的培养基，营养不能达到生理要求，长期繁殖下去，则造成营养不良。或因菌种培养时间延长，瓶内养分耗尽，菌丝生长活力由强变弱。衰老是生物化学过程，这是菌株中因失去遗传密码对菌株生长发育产生的调控，导致整个机体死亡的过程。

(4)环境欠佳 菌种发育生长期处于不良的环境中，也会加速菌种退化，因为培养条件能对细胞核的数量产生影响。此外，杂菌污染也会导致母种退化。

2. 防止措施

根据菌种衰老退化的原因，必须有针对性地采取以下措施。

(1)减少扩接 银耳菌种的退化、种性变异，是在繁殖过程中发生的，常用控制菌种移接次数来防止，生产中应减少菌种扩接次数。当获得优良菌种后，其转管扩接最多不超过5次。

(2)防止突变 可用低温保藏菌种，一般在0℃～4℃。目前国内外公认防止菌种退化的方法是在液氮超低温条件下保藏菌种。

(3)分离纯化 对保藏的优质菌种，需要经常分离纯化。一般每次生产出耳后，都应挑选符合本品种特征的优良子实体进行组织分离。每年进行1次孢子分离，经出耳鉴定后，选择性状优良的再进行组织分离。总之，有性孢子分离与无性组织分离要交替使用。用有性繁殖来发现好的变异菌株，用组织分离来巩固这些优良菌株的遗传特性。

(4)菌种复壮 复壮只能使菌种恢复健康，而不能使其恢复年轻。当某一菌种环境条件不适宜、生产发育不良时，给它适宜的条件，菌丝比原来长得旺盛起来，就叫复壮。复壮的措施很多，诸如选择该菌种适合的培养基、培养温度、环境、pH值、防止杂菌污染及避免多品种混合栽培等。也可以在培养基中加入维生素E，可防止菌种衰退。方法是：琼脂培养基分装试管后，每管用针筒注入1粒维生素E胶丸溶液，再按常规灭菌、制作斜面和接种。

(5)改善环境 三级菌种培育过程，都必须创造菌丝生长最适温度进行培养，人为控制低温或高温，并注意培养室空气的更新，微弱光线，以及室内外清洁卫生，不断创造良好的生态条件。

(二十五)菌种病毒与脱毒处理技术

1. 银耳病毒表现

银耳菌种侵染病毒常见危害严重的为放线菌，主要有湿链霉菌(*str. humiaus*)诺卡氏菌(*Nocardia sp*)等属于原核生物侵蚀木屑培养基菌种中，引起菌种质变。其形态呈球状病毒粒子，直径10～20微米，色泽灰白，显微镜下观察病毒粒表面披有一层细小白色短绒。闻有一股虱虫臭味。这种病毒菌与银耳菌丝蒙混一起，多数在夏末秋初气温25℃～30℃发病率较高。

2. 病毒菌危害

这一种病毒一旦侵染银耳菌种，危害十分严重。菌种接入栽培袋后，银耳菌丝萌发生长正常，但在17～18天揭开穴口胶布时，其穴内不见银耳芽孢，却呈现一层灰色粉状物盖面，因它像蜜饯杨梅表层的一层"白霜粉"，菇农称为"杨梅霜杆菌"、"恶性白霉菌"。带有这种病毒的菌种，接种后穴口均不现原基，1瓶菌种接40个栽培袋，全都不出耳，导致栽培失败。

3. 病毒发生原因

从菌种生产过程分析，银耳菌种带病毒的原因很多。以下几方面均有可能。

(1)原料带菌混入 银耳三级菌种的培养基，均采用木屑为原料，在木材加工过程带有病毒。

(2)培养基灭菌不彻底 现有制种多用高压灭菌锅灭菌，但有的操作人员未按灭菌技术规程进行灭菌，气压偏低或灭菌时间偏短，达不到杀灭这种病毒的效果。

(3)基料偏热接种 每年8月份是制种高峰期，一个高压灭菌锅，日以继夜轮作4次，菌种料瓶卸锅后，冷却时间太短；有的采用电风扇散热，从瓶壁看瓶温下降，但瓶中料温尚高。温度偏高接种，病毒菌发生率高。

(4)种源带病毒 银耳母种采用基内组织分离，逐级扩繁，病毒侵染机会也多，其中一个环节疏忽，病毒就会侵蚀。

以上毒源分析，还有待继续探索。

4. 菌种脱毒方法

脱毒原意是指采用技术手段或措施,将菌种自身携带的病毒分离出来,使菌种纯化,恢复母本性状,增强抗性,提高生物转化率。银耳菌种脱毒技术目前尚未见报道,这里介绍北京胡晓艳(2009)最新研究《食用菌病毒及菌种脱毒技术研究》认为:菌种脱毒采用的是"尖端"脱毒理论,基本依据是随着生物体细胞不断分裂,生物体自身才能不断生长,其末梢组织与生物体自身携带的病菌、病毒之间的距离较大,因此适时地进行分离操作,便可达到脱毒的目的。下面介绍他研究的几种脱毒方法,可供参考。

(1)四循环微控脱毒 将现有菌种或现有子实体转接试管或培养皿(25℃培养),第一次接入二级种(常规基质、15℃～30℃调节温差),分离转接试管或培养皿(25℃培养),进行尖端分离(25℃培养)后,再次接入二级种(调配贫瘠基质、15℃～30℃调节温差),重复进行分离转接试管或培养皿(25℃培养),尖端分离(25℃培养),第三次接入二级种(常规基质、15℃～30℃调节温差),分离并转接试管(25℃培养)。经试验确认达到目标要求后,该菌种即为F级(原始)脱毒菌种。

(2)原基组织脱毒技术 配制基料,调碳氮比为30∶1,但不可小于25∶1,以免菌丝过度旺盛生长,结成菌皮,不易现原基。用大口透明玻璃瓶培养菌种,从瓶口处铺上一层纱布,将纱布边缘插至瓶下,使之紧贴瓶壁;待菌丝发满瓶后,进行温差、湿差、光照等刺激,一般约7天即可现出原基。待原基高至1厘米时,即可进行脱毒分离,在接种箱内用刀片将原基表层削去约1厘米,然后用尖刃刀片将原基划切,使每块大小1立方毫米左右;用接种针将分离的原基块移入平板或大型试管内进行常规培养。

(3)二次置换无菌脱毒技术 这是刘厚荣研究的开放式无菌脱毒技术操作,将菌丝体植入专门配制的纯天然无污染的试管内,在不受外界干扰和污染源侵蚀的全封闭、无菌脱毒培养基的基质中活化,自然随机脱毒并孕育出新生代菇体。然后将新生一代菇体,重新植入无菌培养的试管内,经二次置换脱毒后,就能培育出健壮、优良、无毒害的食用菌脱毒菌种。

(二十六)菌种生理失控病态与防止措施

银耳制种和育种技术性较强,稍有疏忽和失控就会出现弊病。以下介绍银耳菌种用于生产后出现的问题,属于制种与育种过程中引起生理变性和生态失控所致的病态病理,以及防止措施。

1. 病态病理

银耳菌种接种生产后,出现的病态及病理如下。

(1)菌丝不定植 菌种在培养正常的条件下,通常接种后3天菌丝就开始萌发吃料,但有的接种后5～7天仍然不能定植吃料。这种情况出现的原因,多属菌龄太长,菌种过熟,基质枯竭,菌丝失去活力。

(2)退菌"死灰" 接种后10天左右,香灰菌丝呈白色,延伸至料内10厘米时,靠接种口的菌丝由黑色逐步变淡灰色;菌丝前端由白色转为粉红色,停止生长。这多是因为冬末初春气温低制种时,无保温设施,长时间处于低温环境,致使香灰菌丝失去生活力,造成衰弱至死,俗称"死灰"。

(3)菌丝难结团 在栽培中常出现袋内香灰菌丝生长良好，分泌黑褐色素正常，但穴内菌丝久久不能形成“白毛团”。其原因多为银耳菌丝先天性缺陷，中途与香灰菌丝脱伴；高温季节育种，培养室内长时间使用空调降温，而忽视通风，严重缺氧，致使银耳菌丝活力减退；也常因菌种售出后，室外温度超过30℃，银耳菌丝失去抗逆力而死亡。

(4)幼耳停止发育 进入18～20天生长幼耳阶段，袋内香灰菌丝由黑色逐渐褪为灰白色；或香灰菌丝长满袋时，分泌出不均匀的块状黑色菌丝，导致幼耳停止发育。此类纯属香灰菌丝长期沿用而退化，无法在培养基中分解和吸收养分提供给幼耳生长。

(5)畸形变态 子实体发育期，耳片长短不齐，稀密不匀，耳质偏薄，朵形不圆，菇农常称为“疯癫菇”，其品质差，产量低。其原因一般是菌种传代次数过多，生理上发生变异。特别是长期沿用基内分离育种方法，一代又一代传下去，既缺乏保种设施，又没进行提纯复壮，导致生理变化，种性变异。

(6)耳蒂黑斑 子实体采收时，发现黄色耳蒂中常有深浅不一的黑色斑点。加工时通过挖蒂，而又造成朵形松散不成朵，影响商品价值。其原因主要是由于长期沿用某一菌株或采用一种单一的分离制种方法；加上培养过程生态条件失控，致使部分银耳菌丝细胞在分裂增生过程中萎缩、死亡而烂黑；而有效的芽孢照常生长，包裹了萎缩的烂黑芽孢子，形成耳蒂黑斑。

2. 防止措施

避免菌种生理变异与生态失控，必须抓好以下几项关键技术。

(1)加强菌种选育 银耳菌种变异敏感性极强，长期沿用某一种分离方法，则出现前面所述许多弊病。因为菌种的选育是建立在变异和遗传的基础上。变异是为了适应不同生活环境的要求，变异通过遗传而获得相对稳定。因此，防止菌种变异的惟一办法是加强菌种选育工作，要求每年至少选育1次，通过选育获得理想菌株。

(2)开拓分离新路 长期以来人们认为"银耳菌种分离必须保持专一性"，但生产实践表明，这种"专一性"大大约束了银耳菌种选优的范围。应该采取择优选育方法，在亲和适应条件下，通过"不同一"的分离材料，选育银耳菌丝和香灰菌丝进行培养，二度择优，最后进行择优交合培养。这种择优的交合育种，具有抗逆力强、种性稳定、高产优质的优势。

(3)变换基质营养 菌种长期应用一种培养基配方，会产生一种"厌食"，如果时常变换基质营养结构，使菌丝产生新鲜感，生命力也就更活跃。因此，母种、原种及栽培种的培养基成分必须适当变更。比如，木屑树种的变换，其他营养成分配比的增减，也应根据季节、气温等不同情况，分别作适当调整。

(4)严把制种工艺 培养基灭菌不彻底，或料温冷却没达标就接种，必然造成优良菌种失去本身的优势。银耳菌丝生长适温为22℃～25℃，如果在高温季节制作菌种培养基，料温高于28℃时，菌种接入后往往出现被烫伤或致死。因此在制种过程无论是培养基配制、灭菌、冷却、消毒、接种每个环节都要严格把关。

(5)创造生态环境 按照银耳对生态条件的要求，人为创造适合的温度、湿度、空气、光照和培养基的pH值。特别是在寒冬和酷暑超常气温的季节育种，更要严格控制室内温度。低温时加温，注意排除二氧化碳；高温季节要用空调机降温，注意通风增氧。只有创造适合的生态条件，才能确保优良菌种的正常生长，并保持其优良的种性特征。

(二十七)银耳菌种保藏方法

银耳菌种保藏方法有以下几种。

1. 低温传代保藏

挑选健壮的银耳纯白菌丝或香灰菌丝的 PDA 斜面母种；将棉塞齐管剪平，再用石蜡封口，以减少培养基失水；然后直接置于冰箱中 4℃～6℃的温度下保藏。此法保藏期较短，香灰菌丝每隔 3～4 个月转管 1 次，而银耳纯白菌丝在 5 个月之内应使用完毕。低温斜面保藏时，一般要采用营养丰富的天然培养基。最好在培养成分上加入少许 0.2%磷酸二氢钾、磷酸氢二钾作缓冲剂，以中和菌种在保藏过程产生积累的有机酸。

2. 液状石蜡保藏

此法适用于香灰菌丝的保藏，保藏期 2～3 年。其方法比较简便，只在斜面菌种的试管内，注入经灭菌的液状石蜡，注入量以高于斜面 1 厘米为宜，使菌丝体与空气隔绝，降低其新陈代谢。再用无菌橡皮塞塞好，石蜡封口，直立存放干燥处或冰箱中保藏。最好 1 年移植 1 次。使用时不必倒去石蜡，只要用接种针从斜面上钩取一小块菌丝即可，其余继续保藏。操作时注意：液状石蜡在火焰灭菌时易飞溅，刚从石蜡菌种中挑出移接的菌丝块沾有液状石蜡，故生长微弱，必须再转接 1 次才能恢复正常。

五、银耳产业化经营安全高效栽培技术

银耳培养料栽培，指的是以棉籽壳、杂木屑等为主要原料，辅以麦麸、蔗糖、石膏等混合制成培养基，装入塑料袋或罐、瓶内，作为长耳载体，形成一种新的栽培技术，取代传统的木材（原木或段木）栽培方式。目前我国银耳产量 90% 均为培养料袋栽。这种袋栽银耳新技术，形成了多方位、周年制、集约化生产，有力地推动了我国银耳安全高效栽培的飞速发展。

（一）银耳袋栽工艺流程

现行商业性生产的银耳，主要是采用培养料袋栽培方式。这种栽培工艺全过程，见图 5-1。

（二）栽培季节安排

银耳袋料栽培季节，大桥镇菇农以春、秋两季自然气温栽培为主，高海拔山区实行反季节夏季栽培。由于银耳生产周期短，从接种至采收只要 35～40 天，各地推广应用时，要考虑南北省份气候不同，春、秋季节差异甚大。因此在安排栽培季节时，必须掌握好银耳菌丝生长最适温度 22℃～26℃，子实体生长最适温度 23℃～25℃两个温标，因地制宜地安排栽培季节。下面根据我国各省份不同气候特征具体划分如下。

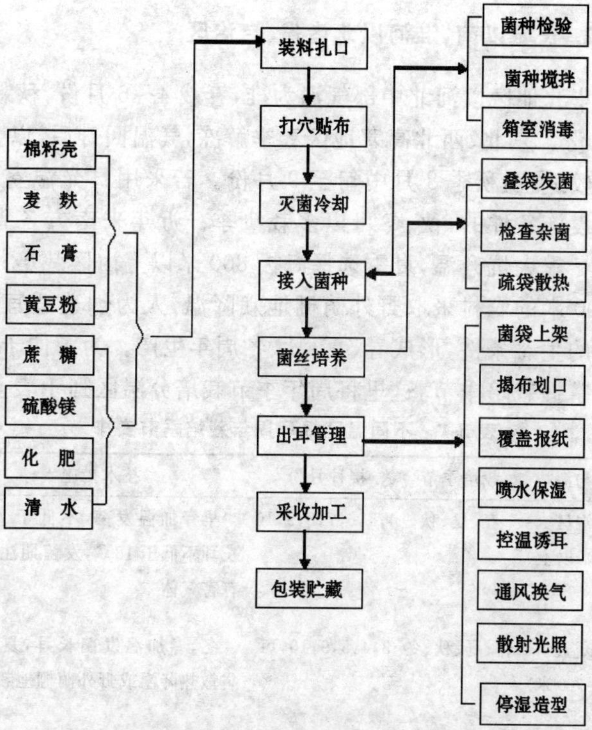

图 5-1　银耳袋栽工艺流程

1. 长江以南诸省、自治区

春栽 3～4 月份，秋栽 9～11 月份。低海拔地区春季可提前于 2 月份开始，秋季推迟至 10～12 月份。冬季无 0℃以下寒流的地区，则春、秋、冬季均适宜栽培；高海拔山区，夏季气温不超 28℃，春、夏、秋季均可栽培。

2. 长城以南，淮河以北诸省、自治区

华北地区以河北中部气温为准，春栽 4～6 月份，秋栽9～10 月份。东北、西北高寒地区春季解冻，气温回升后，以 4～6 月份较适宜，秋季 8 月中旬至 9 月份。若采用日光温室或配暖气设施条件的，秋、冬可以多栽 1 季。近年来南方各省、区采取冬季火炕升温，夏季选择海拔 800 米以上山区栽培；而海拔 400 米的农村采取野外荫棚地栽降温，人为创造适宜银耳生长的生态条件，形成春、夏、秋、冬周年生产。为了便于各地菇农掌握栽培季节，这里将周年季节栽培分温区列于表 5-1。

表 5-1　不同温区银耳周年栽培季节安排

温区与海拔	栽培季节	接种月份	技术措施
低温区（700 米以上）	春、夏、秋	4,5,6,7,8,9,10	早春加温发菌，不低于 23℃，长耳不低于 18℃，发菌期注意防有害气体
中低温区（400～700 米）	春、夏、秋、冬	3,4,5,9,10,11	冬、春加温发菌长耳，夏季疏袋散热降温或野外荫棚地栽
中高温区（300～400 米）	春、夏、秋	2,3,9,10,11	春、秋自然气温不低于 25℃，秋季不超过 28℃。冬季加温，注意通风换气
高温区（300 以下）	春、冬	1,2,11,12	春、秋自然气温不超过 28℃，冬季长耳不低于 18℃，冬季防寒流，保温时注意通风

注：海拔每升高 100 米，自然气温降低 0.5℃

（三）培养基配制技术要领

主产区的福建省古田县大桥镇实践证明：棉籽壳是栽培银耳最理想的原料，杂木屑、玉米芯、甘蔗渣等也可利用。

1. 培养基配方

下面详细介绍不同原料的几组培养基配方。栽培者可以就地取材，因地制宜地采用。

(1)棉籽壳培养基配方 ①棉籽壳82%，麦麸16%，石膏粉1.5%，蔗糖0.5%，料与水比例为1∶1.1～1.2(以下同)。②棉籽壳80%，麦麸15%，玉米粉3%，石膏粉1%，蔗糖1%。③棉籽壳78%，麦麸19.5%，石膏粉2%，硫酸镁0.5%。④棉籽壳76%，麦麸20%，黄豆粉1.3%，蔗糖1.2%，石膏粉1%，硫酸镁0.5%。

(2)杂木屑培养基配方 ①杂木屑75%，麦麸20%，石膏粉2%，蔗糖1.3%，硫酸镁0.4%，黄豆粉1.3%，料与水的比例为1∶1.15(以下同)。②杂木屑76%，麦麸19%，黄豆粉1.5%，蔗糖1.5%，过磷酸钙1%，石膏粉1%。③杂木屑73%，麦麸24.5%，石膏粉1%，蔗糖1%，磷酸二氢钾0.5%。

(3)混合培养基配方 ①棉籽壳50%，玉米芯26%，杂木屑18.5%，石膏粉2.5%，黄豆粉1.3%，蔗糖1.3%，硫酸镁0.4%，料与水的比例为1∶1.1～1.2(以下同)②杂木屑34%，玉米芯25%，棉籽壳22%，麦麸16%，石膏粉1.5%，蔗糖1%，硫酸镁0.5%。③杂木屑50%，甘蔗渣20%，玉米芯10%，麦麸18%，蔗糖1%，石膏粉1%。④玉米芯40%，棉籽壳40%，麦麸18%，石膏粉1.6%，尿素0.4%，料与水的比例为1∶1.2～1.25。

(4)秆草类培养基配方 ①向日葵秆(盘)70%，麦麸25%，石膏粉1%，蔗糖1%，黄豆粉2%，硫酸镁0.6%，磷酸二氢钾0.4%，料与水的比例为1∶1.5(以下同)。②高粱秆粉50%，木屑30%，棉籽壳粉18%，石膏粉2%，料与水的比例为1∶1.2～1.3。③芦苇35%，芒萁30%，杂木屑12%，麦麸20%，蔗糖1.5%，硫酸镁0.5%，石膏粉1%，料与水的比例为1∶1.2～1.3。

上述培养基配方中，第一组棉籽壳培养基配方4种最为理想，第二组和第三组杂木屑与混合培养基也可。第四组秸秆及野草次之。作为商业性生产银耳的地区，应选择一、二组为好；秸秆及野草类培养基，从农作物下脚料再利用角度看，就地取材成本低廉，具有一定价值。各地应当因地制宜。

2. 配制操作技术要领

在确定选用配方比例后，进入制作工序，其具体操作技术要领如下。

(1)计量取料 按耳房大小，计算好生产数量，确定栽培袋数，按量取料。一般按9米×4米×4米的耳房，一次栽培3000袋(12厘米×55厘米规格袋、每袋干料量650克)，按照棉籽壳配方之一的比例计算，其用料量，见表5-2。

表 5-2　银耳栽培 3000 袋用料量

名　称	数量(千克)	百分比	要　求
棉籽壳	1599	82	含水量在 13%以内
麦　麸	312	16	足干,无霉变,无失水
石膏粉	29	1.5	白度好,无结块
蔗　糖	10	0.5	白砂糖、红糖均可
合　计	1950	100	料与水比 1∶1.1～1.2

(2)过筛混合　按称取的原、辅料,首先进行过筛,剔除混入的砂石、金属、木块等物质。然后将棉籽壳或木屑倒入拌料场上,堆成山形;再把麦麸从山尖均匀地往下撒开,并把石膏粉均匀地撒向四周。把上述干料先搅拌均匀,然后把蔗糖、硫酸镁、磷酸二氢钾等可溶性的添加剂溶于水中,再加入干料中混合。

(3)加水搅拌　培养料配方中料与水之比为 1∶1.1～1.2 不等,在加水时应掌握"三多三少":培养料颗粒松或偏干,吸水性强的宜多加;颗粒硬和偏湿,吸水性差的应少加。晴天水分蒸发量大,宜多加;阴天空气湿度大,水分不易蒸发应少加。拌料场是水泥地吸水性强,宜多加;木板地吸水性差,应少加。实际操作时,要区别棉籽壳质量和栽培季节及当日气候。棉纤维多的棉籽壳,吸水量多,应加水 110%～120%;籽壳多的吸水少而快,极易往下流,只需加水 100%。南方春季雨水多,湿度大,加水 100%～105%;秋高气燥水分蒸发快,加水量 110%～120%为宜。

加水时,对棉籽壳为原料的,采取先用 2/3 的水量进行拌匀预湿 15～20 小时,使水分渗透于籽壳基质中。加水后进入拌料工序,可采用搅拌机或人工拌料。反复搅拌 3～4 次,使水分吸收均匀；然后用竹筛或铁丝筛过筛，打散结团，使其均匀。过筛时应边洒水，边整堆，防止水分蒸发。

(4)操作技术要求 为了确保培养基的质量，操作技术要求如下。

①**选好拌料场地** 以水泥地和木板坪为好。泥土地因含有沙土，加水后泥土溶化混入料中，不宜选用。选好场地后要进行清洗，并清理四周环境。

②**确定配料时间** 配料时间以晴天或阴天的上午或晚上较为理想。秋季中午气温高，培养料容易酸败。雨天不宜制作，因湿度太大，各种微生物活动力强，容易引起杂菌污染。

③**搅拌力求均匀** 先将可溶性物质如蔗糖、硫酸镁、尿素等溶于水中；然后将棉籽壳加入清水，进行搅拌，让棉籽壳纤维吸收水分，整成大堆闷60分钟，使水分进一步渗透籽壳内。棉籽壳水分附着力差，成堆后水分极易往下流淌。因此，拌料时要多次进行上下翻堆，使料内吸水均匀，避免上干下湿和基料含水量不匀。

④**操作速度迅速** 秋季气温常在30℃，如果拌料时间延长，培养料发生酸变，接种后菌袋成品率不高。由于培养料配制时加水、加糖、再加上气温高，极易使其发酵变酸。因此，当干物质加入水分后，从搅拌至装袋开始，其时间以不超过2小时为宜。这就要求搅拌时要分秒必争，当天拌料，及时装袋灭菌，避免基质酸变。现有生产规模一般每次拌料都在2 000～3 000千克，多的5 000千克，可采用自走式拌料，速度快；手工拌料要配备人手抓紧进行，要求在2小时内拌料结束。

3. 培养基两项测定与调节

料拌匀后必须进行含水量和酸碱度测定，其方法如下。

(1)含水量计算与测定 培养基的含水量高低，对菌丝生长关系极大。水分过多渗出，会造成培养基营养流失，还会导致袋内积水过多，接种后菌丝缺氧而停止生长或窒息死亡；含水量高，料温随之上升，基质容易酸败，招致杂菌污染率也高。如果含水量少，培养基偏干，满足不了菌丝生长对水分的要求，也会造成菌丝纤弱，生长缓慢或停滞不前。

含水量计算与测定。银耳培养基含水量要求严格，一般掌握58%～60%为宜。由于各地原、辅料粗细有别、干湿差异，而且各种原、辅料本身都有固有含水率（一般为10%～13%），这自身结合水也应加入计算才准确。含水量计算公式如下：

干物质＋水＝培养料总量

水＋干物质本身固有含水量13%＝水总量

$$\frac{\text{水总量}}{\text{培养料总量}}\times 100\%=\text{含水率}\%$$

举例：棉籽壳培养基，按料水比1∶1.1计算。干物质100千克＋水110千克＝培养基总量210千克。水110千克＋干物质本身固有含水量13千克＝水总量123千克。水总量123千克÷培养基总量210千克×100%＝含水率58.57%。

水分测定方法，有经验的栽培者多以感官测定。即手掌用力握料，指缝间挤出水珠不滴，伸开手指料在掌中能成团，即为适宜含水率。若水成串流下表明太湿，应将料堆摊开让水分蒸发，切不可采用加干料，以免配方比例失调。若料不成团，掌上又无水痕，落地即散，则偏干，应补水再拌至适度。上海仪表机械制造厂研制成一种SYS-1型原木、木屑水分计，可快速测量培养基的含水率。

(2)酸碱度测定与调节　银耳菌丝生长喜欢微酸性，pH值在5.2～5.8生长正常。但在配料后，灭菌前培养料pH值可掌握在6.2～6.8，经过灭菌后其PH值自然会降解1左右，刚好适合银耳菌丝生长。

①原料预测　栽培原料由于产地不同和贮藏堆积环境条件及时间长短有别，其pH值也会发生变化。棉籽壳当年出厂和贮藏陈年的，其酸度也不一样。各地水的pH值也有较大差异。一般地质水的pH值为6.2～7，呈微酸至中性，但有的地区pH值为7.2～8.5，偏碱性。因此，在配料前必须进行原料和水的pH值测定。

②配料测定　培养料配制后，其酸碱度的测定方法为：称取5克培养料，加入10毫升的中性水，然后搅拌澄清，用石蕊试纸醮澄清液，测定其pH值。也可取一小段广谱试纸，插入料中，1分钟后取出与标准色板比色，从中查pH值。试纸各地医药公司有售。有条件的可用“pH计”精确测定。

③调节方法　pH值等于7为中性，pH值小于7表示酸性，酸性愈强，pH值愈小；pH值大于7表示碱性，碱性愈强，pH值愈大。经过测定，如酸性强，可加入4%氢氧化钠溶液进行调整；若呈碱性反应，可加入3%盐酸溶液进行中和，直至适度为止。生产实践中，为防止培养料内pH值的降低（酸性增加），多用适量石灰水进行调节。一般以棉籽壳或杂木屑等为原料，pH值在6～7，按照配方比例进行配制的培养基，其pH值在6.3～7，经灭菌降解后pH值为5.3～6，基本合适，这就不需进行调节。

(四)料袋制作技术规程

菌袋是银耳生产的载体,制作程序分为:

装袋→打穴封口→灭菌冷却→接种 4 个环节

1. 培养料装袋

装袋按下列程序进行操作。

(1)塑料袋准备 银耳大规模商品化生产,采用低压聚乙烯为原料的成型折角袋。其规格:袋径折幅宽、长为 12～12.3 厘米×50～55 厘米,厚度 0.04 厘米。优质塑料袋要求达到 4 条标准:薄膜厚薄均匀,袋径扁宽大小一致;料面密度强,肉眼观察无砂眼,无针孔,无凹凸不平;抗张强度好,剪2～4 圈拉不断;耐高温,装料后经常压 100℃灭菌,保持 16～24 小时,不膨胀、不破裂、不熔化。

(2)装袋方法 培养料配制后,转入装袋工序。装袋分为机械与手工操作。目前商业性生产采用装袋机装料比较普遍。银耳专用装袋机,出料口套筒直径 6.6 厘米,适于 12 厘米的塑料栽培袋。每台装袋机配备操作人员 7 人,其中上料 1 人,掌机 1 人,传袋 1 人,扎袋口 2 人,打穴 1 人,胶布封口 1 人。台/时可装 1000 袋。装袋分为 2 步:

①第一步填料 先将薄膜袋口一端张开,整袋套进装袋机料口的套筒上,双手向薄膜袋口紧托。当料从套筒源源输入袋内时,右手撑住袋头往内紧压,形成内外互相挤压,使料入袋后更紧实。此时左手托住袋顺其自然后退。当填料接近袋口 5 厘米处时,料袋即可取出竖立,并付给下一道捆扎袋口工序。

②第二步扎口　采用棉纱线或塑料编织带捆扎袋口。操作时，先按装料量增减袋内培养料，使之足量；继之左手抓料袋，右手提袋口薄膜合拢，左右对转，扭紧薄膜，使料紧实；或在袋口四周拳击数下，使袋料紧贴不留空隙。然后清理袋口剩余5厘米薄膜内的空间，扫掉沾粘的残物，再把袋口薄膜合拢，用纱线缠扎袋口3～4圈后，再反折过来又扎3圈，袋头即密封。

(3)质量要求　培养料配制后，如果装袋时间拖延，袋内升温有利于微生物繁殖，造成基料酸变，使pH值变化，对菌丝生长不利。因此，时间性很强，即从培养料加水至拌料装袋结束，时间不应超过5小时，以防培养料发酵变酸。标准装料量为12厘米×53厘米的袋，装干料600克，湿重1250～1300克。如果是12.3厘米×56厘米的袋可装干料650克，湿重1350～1400克。袋紧实度以手抓料袋，五指用中等力度捏住袋面，呈现微凹即可。培养料的配装量要与灭菌灶设备的吞吐量相衔接，当日配料，当日装完，当日灭菌。

2. 料袋打穴封口

银耳料袋应采取先打穴、胶布封口，后灭菌、接种。因为银耳菌丝比其他菇类"娇气"，抗逆、抗杂能力弱，为减少培养料在空间暴露的时间，防止杂菌入侵，打穴封口应掌握以下技术。

(1)定量定位　料袋长短规格不同，接种穴数量也有别。料袋有两种规格：一种是袋长50厘米的打3穴；另一种是袋长55厘米的打4穴。接种穴位置，按料袋长度等分距离。

(2)穴口深度　银耳接种后，是1穴只长1朵子实体，一次性收成。为此，接种穴的深浅，要求十分严格。如果接种穴太浅,会导致两个问题发生:一是菌种定植期遇高温干燥的不良环境时,菌种很快松散、萎缩,不定植;二是菌丝发育形成"白毛团",紧贴在胶布上,当穴口揭布时,会把"白毛团"菌丝一起带走,影响出耳。标准接种穴为宽 1.2 厘米,深 2 厘米。料袋打穴,见图 5-2。

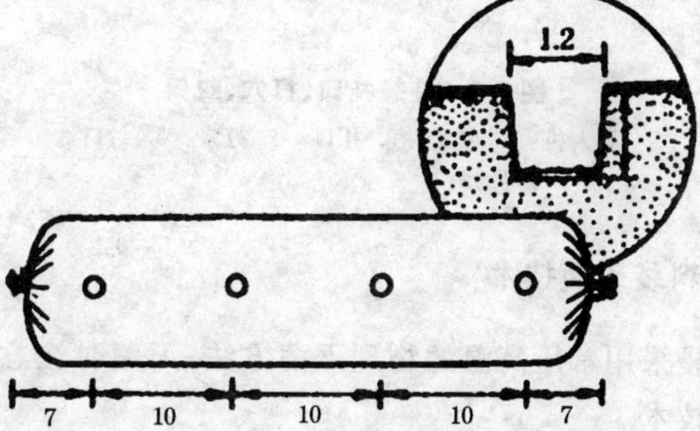

图 5-2 料袋打穴示意 (单位:厘米)

(3)胶布封口 打穴后转入胶布封口工序,事先将银耳封口专用胶布剪成 3.25 厘米×3.25 厘米的小方块,斜面重叠成排,布边留 1 厘米,便于顺手揭布。打穴接种后,用毛巾擦去袋面残留物,随手将胶布贴封在穴口上,再用手指平压拉平胶布,使之紧贴袋膜上。如果封口胶布粘贴不紧,料袋灭菌时,会使水分渗透袋内,造成胶布受湿,黏度不好,易引起杂菌侵入。所以,胶布封口也是不可忽视的一个技术环节。培养料装袋扎口、打穴、封口,见图 5-3。

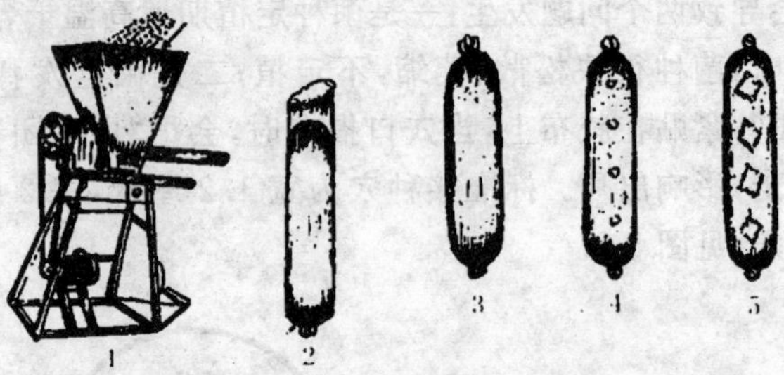

图 5-3　装袋扎口、打穴、封口

1. 入机　2. 装袋　3. 扎口　4. 打穴　5. 封口

3. 料袋灭菌技术

料袋采用常压高温的物理灭菌方法，灭菌时注意掌握以下关键技术。

(1)及时进灶　装料后要立即进灶灭菌。通常要求的时限是装袋后 2 小时内进灶结束。

(2)合理叠袋　料袋进灶的叠袋方式，应采取一行接一行，自下而上重叠排放，上下袋形成直线；前后叠的中间要留空间，使气流自下而上畅通，蒸汽能均匀运行。叠好袋后罩紧薄膜，外加帆布或麻袋；然后用绳索缚扎于灶台的钢钩上，四周捆牢；上面加物重压，以防蒸汽冲力把罩物冲飞。

(3)掌握温标　料袋进灶后，立即旺火猛攻，使温度在 5 小时内迅速上升至 100℃后，要持续 14～18 小时，中途不停火，不掺冷水，不降温。大型罩膜灭菌灶由于气体膨胀，罩膜内上温较快，从点火至 100℃不到 2 小时。但因容量大，其灶内中心温度还没达 100℃，因此通常为点火 5 小时后，以手掌按在罩蓬布面，感觉难受，表示灶内中心温度达标。上升到

100℃后,应保持 20～24 小时,才能达到彻底灭菌之目的。

(4)认真观察 在灭菌过程中,工作人员要坚守岗位,随时观察温度、水位和是否漏气。

(5)卸袋冷却 达到灭菌要求后,待温度降至 60℃以下时,方可趁热卸袋。及时搬进室内,按“#”字形 4 袋交叉排叠,让袋温散热冷却。冷却时间,通常从料袋进房后 24 小时,直至手摸料袋无热感即可。

(五)菌种搅拌与接种关键技术

银耳接种要求十分严格,具体操作关键技术如下。

1. 事前严格消毒

按每平方米空间用气雾消毒剂 5～6 克,点燃烟熏 30 分钟以上,就能达到消毒杀菌的效果。或按每平方米空间用 40%甲醛溶液 10 毫升,配 7 克高锰酸钾,混合进行气体消毒,达到无菌状态。

2. 菌种搅拌均匀

银耳接种与其他菌类不同,接种前菌种必须进行上下反复搅拌均匀后,方可用于接种,否则必然造成有的接种穴长耳、有的接种穴只长菌丝不长耳。

搅拌后的菌种,还要掌握其菌丝吃料深浅,决定用种时间。菌丝吃料深达 4/5 的菌种,当日上午拌种,当天夜间可以用于接种;菌丝吃料深达 2/3 的菌种,拌种后可安排翌日夜间接种。拌种工序十分重要,两种菌丝搅拌均匀,出耳率高,且出耳时间快。如果银耳纯菌丝与香灰菌丝比例失调,香灰菌丝过量，偏面向往吃料，也会造成出耳时间推迟。若银耳纯菌丝没拌到与香灰菌丝混合，其结果只长菌丝，而不长子实体。若上下搅拌不匀，两种菌丝与没有拌到下半部的培养基一起，则出现不长菌丝。为此拌种务必认真操作。

3. 接种无菌操作

小批量生产可在接种箱内进行接种，大批量生产可在无菌室内接种。一般 12 平方米的接种室，1 次可容 1 500 袋为宜。每瓶栽培种可接 3 穴袋的 45～50 袋，若接 4 穴袋的为 35～40 袋。接种时，拔出菌种瓶口棉塞，对准酒精灯上方，用弹簧接种器伸入瓶内，提取银耳菌种。左手揭起穴口胶布 2/3，右手提接种器，把菌种压进穴口，左手迅速将胶布覆盖穴口，顺手拉平使胶布与袋膜黏合封口。接种操作，见图 5-4。

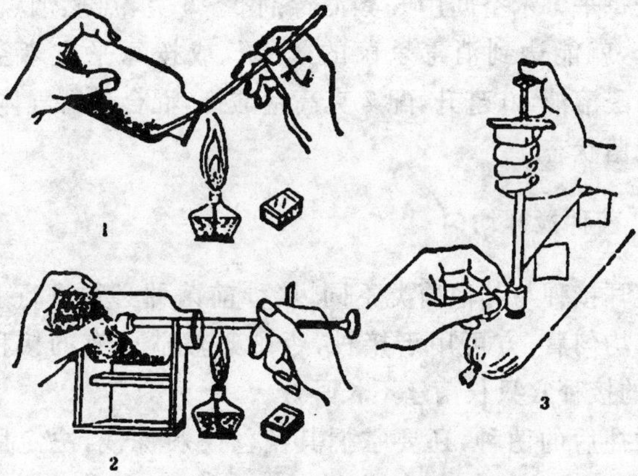

图 5-4　银耳接种操作

1. 拌种　2. 取种　3. 接种

为了确保接种后有较高的菌袋成品率，防止“病从口入”，在操作中严格把好“七关”。

(1)料温 料袋灭菌后经过散热冷却，进入接种时，其料温必须降至28℃以下，方可进行接种。料温过高，超出菌丝生长适应温度时，会造成烫伤、烫死，导致不出耳。

(2)时间 接种最佳时间是晴天午夜或凌晨，此时气温低，杂菌处于休眠状态，且空气流动小，传播力弱，接种较为安全。雨天湿度偏大，容易感染杂菌，不宜进行。

(3)净化 严格进行“五消毒”，即空房消毒、料袋进房消毒、接种工具消毒、菌种过酒精灯火焰消毒和工作人员个人卫生消毒，达到净化接种环境。

(4)定位 菌种入穴时，其定位要比胶布凹1～2毫米，这样有利于银耳菌丝形成白毛团时在其中间生长发育。若接种量凸出穴面，紧贴胶布，白毛团形成时，会紧粘在胶布上，以致在揭胶布通风的操作中，就会出现随胶布把白毛团提起，而使损伤。

(5)速度 接种要求迅速敏捷，因为打开穴口胶布，培养料暴露于空间，如果室内消毒不彻底，残留杂菌孢子容易趁机入口；同时，接种时间延长，空间温度相对增加，也容易引起感染。由于接种器为金属制品，久用易灼热，菌种入器后过酒精灯火焰区，如果动作缓慢容易烫伤，严重的则造成死菌。因此，接种操作要求迅速，做到一边启开胶布、一边接入菌种，重封胶布，尽量缩短菌种在空间暴露和过酒精灯火焰的时间。

(6)换气 每一批料袋接种完毕，必须打开门窗通风换气30～40分钟，以后关闭门窗重新进袋、消毒，继续接种。有的菇农常在普通房间内，用塑料薄膜四周罩住进行接种。接种后如果不揭膜通风更新空气，连续作业，室内酒精灯火温，加上人的体温，以及接种时打开穴口料内水分蒸发，形成高温、高湿。加之，料袋和人员的进进出出等因素，容易带来杂菌的积累，势必造成污染。

(7)清残 在接种工作过程中，有菌种瓶的棉塞等废物，工作台及室内场地，不断有残留物，必须集中一角。待每批料袋接种结束后，结合通风换气，进行1次打扫清除，保持场地清洁，杜绝杂菌污染源。

(六)菌袋发菌培养管理

菌袋接种后分成发菌期和菌丝生长期两个阶段，其管理技术有别。

1. 菌丝萌发期管理

料袋接种后称为菌袋，也叫菌棒、菌筒。接种后的菌袋，进入菌丝萌发阶段称为发菌，发菌期一般3～4天。为使菌种萌发定植正常生长，在管理上应做到以下几点。

(1)菌室干燥 发菌室必须提前24小时进行消毒灭菌，空气相对湿度控制在70%以下，即完全处于干燥条件下培养。

(2)堆叠合理 采取每2袋穴口对穴口，重叠2～3层。若是平地叠袋，按每4袋并列，纵横交叉堆叠，层高不超过1.5米。早春或晚秋气温偏低，采取堆叠法，有助于提高袋温；若在气温稍高的秋季，宜3袋并列堆叠培养。

(3)保护盖物 发菌期间要适时检查接种穴上的胶布有无翘起，若发现翘起或脱落，应及时贴封好，防止“病从口入”。接种后，在菌丝未长满表层之前，不可打开穴口上的覆盖物，以免杂菌侵入。

(4)严格控温 接种后头3天的发菌期内，温度可调控在26℃～27℃进行抢温发菌，促使菌丝萌发定植，但室温不得超过30℃。用棉籽壳作培养基的菌袋，由于棉籽壳的纤维素多，袋温上升快，发菌期应注意袋温变化，及时调整适温，避免造成高温。若室温超过30℃时，香灰菌丝生长过快，处于不正常状态，必须开窗通风，将温度调节到适宜的范围；若低于20℃时，则菌丝生长缓慢，将延长发菌时间，此时需提高室温。有条件的可以利用暖气设备，农村则多采用煤炭火升温，但要注意排除二氧化碳等有害气体，以免损害菌丝体，引起后期烂耳。发菌期间管理工作的关键在于调温和防污染。要根据气候的变化，准确地掌握好温度，尤其是南方诸省，在夏初及初秋栽培时，发菌期更应注意防止高温。

(5)弱光散射 银耳虽然是喜光菌类，但发菌期一般只需要微弱的散射光或黑暗的环境条件为宜。发菌室玻璃窗常用黑布遮盖，避免阳光直射。

2. 菌丝生长发育期管理

菌袋经过3～4天的发菌培养，菌种块萌发新菌丝，向接种穴四周扩展，形成芒状白色菌圈，直径5～6厘米，从此进入菌丝生长发育期，在气温25℃左右的适温环境条件下，菌丝日长速以0.3～0.5厘米延伸料中。这阶段一般需培养6～8天，在管理上重点抓好以下5个方面。

(1)翻堆检查 菌袋进行1次上下里外翻动，认真检查袋壁及袋口，以及接种穴四周表面。发现怀疑有问题的，应及时处理。

(2)疏袋散热 随着菌丝的逐渐伸展，料温日益上升。为了避免温度偏高，在检查的同时，应把菌袋排稀，袋间距2～3厘米排于培养架上，若是平地垒叠的应改2～3袋#字形排袋，应扩大袋间距离，以利于散热。室内进行通风更新空气，以适宜菌丝生长。

(3)调节温度 菌丝生长期间，由于袋温上升，室内温度要求比发菌期调低3℃～4℃，以24℃～25℃为好。调节的办法，主要是打开门窗通风降温。在气温高的秋季栽培时，更要特别注意通风降温，以免造成高温伤害菌丝。

(4)宜干忌湿 无论发菌期还是生长期，室内空气相对湿度均要求在70%以下。多雨季节，室内空气湿度常在80%以上，杂菌孢子容易萌发，并会从接种穴口胶布的小缝隙中侵入而造成污染。因此，湿度高和多雨季节菌袋培养应注意通风，促进空气对流，降低空气湿度。

(5)防光直射 菌袋培养室朝阳方向，需挂遮阳网；窗口应安装网纱，外用草帘遮荫，防止阳光直射。但也不能为了避免强光，而把门窗遮得不透气，这样也不利于菌丝生长。

（七）菌袋排场开口增氧诱耳技术

1. 菌袋排场要求

菌袋经过10天左右的培育，菌丝生长逐步旺盛，新陈代谢活力增强，产生的二氧化碳浓度也随之增加。此时需要吸收外界氧气，排出二氧化碳，同时释放出能量，以满足菌丝生长发育的需求。因此，菌袋必须由原来发菌室搬到出耳房或耳棚内，进行疏袋排放于培养架上，生产上俗称为“转湿度排场”。

(1)场所消毒　无论是室内耳房或是野外耳棚，在菌袋进房前3天，进行1次室内外消毒灭菌。房内消毒应选用经农业部发证农药生产合法企业的产品，66%二氯异氰尿酸钠烟剂(烟雾消毒)。施用时，空气相对湿度要求85%以上，明火点燃产生气雾杀菌。菇房四周环境清除杂草，并喷撒石灰粉消毒，然后开窗更新空气。

(2)掌握菌龄　菌袋转湿房的时间，一般从接种之日起，在适宜温度条件下经过10天左右的培育，菌丝已伸展至接种穴胶布边，菌丝圈直径达10厘米，穴与穴的菌圈互相连接，达到这个标准。此时应把菌袋从培养室转入子实体生长房或耳棚内。即菌袋接种后发菌干燥房，转入长耳湿房。如果培养期间气温低，菌丝生长没达标，还要延长1～2天；秋季气温稍高，菌丝生长快，可提前1～2天。

(3)排袋方式　菌袋进入耳房后，采取卧式排放，袋与袋之间距离2～3厘米，以利于散热。一般4.3米宽的耳房，靠房壁两旁的菌袋一端要离壁15厘米，以利于内向空气流动，耳片舒展，避免因通风不良，展片差，朵形变态。

2. 开口增氧诱耳方法

菌袋经过转房排场后，菌丝发育加快，大量吸收基内营养后，开始分泌色素。黑色斑纹的菌丝舒展有力，不断驱赶浓白菌丝，逐渐由白色变为黑色云斑的菌丝体。此时菌丝呼吸旺盛，生理上需氧量加大，单靠原有穴口通气量，已不能满足要求。为此必须及时开口增氧，以满足幼耳生长发育对氧气的需求。在开口增氧这个环节上，曾历经3次改革，最早是采取先把穴口胶布揭起一角，并皱成半圆形小口，当穴内白毛团显现胶质化，形成原基时，再把胶布撕掉，然后进行割膜扩口；第二次改革是穴口不揭胶布，采取割膜扩穴时连同撕掉胶布一次性完成。近年来，又创新为不割膜扩穴，而是采取袋旁划线增氧。下面分别介绍现有常用的割膜扩穴增氧和袋旁划线增氧两种方法。

(1)圈割扩穴增氧法 所谓圈割扩穴增氧，是把原接种穴割膜扩大，以此增加袋内透氧，具体技术如下。

①掌握菌龄 进入割膜扩穴工序的时间，一般为菌袋接种后经培养15天左右时进行。但在这道工序操作前，应注意观察菌丝生长势，选择适宜气温，注意时限，不可误期，否则袋内缺氧，菌丝生长欠佳。秋季气候干燥，如延期扩穴，会出现白毛团疏松，致使出耳不齐，或因缺氧导致菌丝衰竭，出耳后将发生烂耳。扩穴也不宜过早，因过早菌丝生理没成熟，扩穴透氧后香灰菌丝向扩穴面伸展，反而引起幼耳停顿生长，影响正常发育。

②衡量标准 割膜扩穴应掌握袋内菌丝发育占整个袋面2/3，表面菌丝呈黑色，底部菌丝白色；菌袋两旁的菌丝尖端已出现连接的走势。达到这个标准时，即可把穴口上的胶布在割膜扩穴时一起去掉。

③操作方法 扩穴时左手提菌袋，穴口朝上；右手提刀片，顺手沿着穴口的边缘，圈割去袋面的塑料薄膜宽1厘米左右，连同穴口胶布一次性去掉，使穴口直径达4～5厘米。如果扩口过大，出耳后会引起耳基增大，影响品质；若扩口过小，影响袋内菌丝透氧，对长耳不利。割膜扩口时，切勿割伤菌丝体。通过扩大穴口，使基内增加氧气，促进幼耳顺利发育生长。

(2)袋旁划线增氧法 划线增氧法即菌袋穴口旁边，用刀片割破薄膜增氧，取代穴口圈割扩穴增氧的一种新工艺。这是近年来福建省古田县日新食用菌研究所钟冬季所长，在老科技工作者协会食用菌分会会长丁湖广高级农艺师的配合下，总结当地菇农的实践经验，并通过试验对比，研究成功的一项新技术，获得国家发明专利。划线增氧法的优点是：银耳子实体蒂头小，朵形美观，展耳耸松；子实体基部距离袋膜不粘连，可避免绿霉侵染，因此产品价值每千克比常规高出1～2元。同时，操作方便，又省工。划线技术应掌握3点。

①划线时期　以菌袋接种后，正常温度条件下培养15～16天，撕去穴口胶布，覆盖报纸，喷水纸面保湿5～7天后，穴口子实体已现食指大小时进行划线。其菌龄也就是接种后20～23天，进行划线工序。但时间仅是参考，气温适宜菌丝生长发育快，可适当提前1～2天进行划线。2008年秋，古田县为民食用菌研究所生产基地栽培3万袋，接种后15～16天菌丝生长发育快，当时自然气温稍高，在穴口撕胶布的同时进行袋旁划线增氧，同样达到理想效果。因此，划线增氧的时间，应视当地气温高低和菌丝生长状况灵活掌握。

②划线位置　对准菌袋穴口侧向，两旁居中位置，用刀片各划1条裂缝。

③划线标准　划线长度掌握3～4厘米，一般3个手指宽范围内；深度以割破袋膜，而不伤菌丝为适。

3. 开口增氧后管理措施

菌袋经过开口或划口之后，外界空气和空气湿度渗透袋内，菌丝呼吸强度加大，新陈代谢加快，袋内菌温比室温会上升1℃～2℃，此时室温应调到21℃～23℃，避免受超温影响，适当调低1℃～2℃有利于刺激原基加快形成。如果耳房温度达26℃，加上菌温升高1℃～2℃，达27℃～28℃，菌丝必然受到高温伤害引起细胞壁破裂，穴口上吐出酱黑色黏液，出耳之后就会发生子实体蒂头烂黑，影响幼耳正常发育。每年秋初栽培开口增氧阶段，如果能遇上1～2次台风，自然温度、湿度适应出耳，所以都获理想的收成。菌袋开口或划口之后，还要注意另一方面，由于养菌阶段室温都处于23℃～25℃，秋末遇到低温之时，如果耳房内低于18℃时，袋内菌丝不仅新陈代谢相应缓慢，而且还受到低温刺激，菌丝细胞自然脱水，并在出耳口上吐出晶体状黏液，影响原基分化，出耳后也会发生蒂头瘁烂。在开口诱耳阶段，许多菇农没有掌握这个关键技术，或是在这个时期控温管理疏忽，导致栽培失败。

（八）幼耳生长发育期科学管理

菌袋经过割膜或划线增氧后，菌丝由营养生长转入生殖生长，也就进入原基分化、幼耳生长发育阶段，在管理技术上主要掌握以下6点。

1. 盖纸喷水

扩口或揭去穴口胶布后，要立即用整张旧报纸覆盖菌袋上面，并喷水保湿。目的是防止穴口白毛团露空，由小气候转入大气候培养后被风干，影响原基形成。操作时，注意把菌袋一袋挨一袋地侧势排放，使穴内多余黄水自动流出穴外，还可避免白毛团粘连在纸上。盖纸后用喷雾器喷水于纸面上保持湿润，以不积水为度。每天必须掀动报纸1次，使空气新鲜；同时也防止“白毛团”粘在纸上。当幼耳长至1.5～2厘米时，把袋面覆盖的报纸取出，置于阳光下晒干，趁此时让幼耳露空，适应自然环境12～24小时，然后再覆盖喷水保湿。盖在袋面的报纸,当幼耳长至直径 4 厘米左右时,生长加快需水量大,此时可将报纸取掉,直接微喷水于子实体上。

2. 处理黄水

开口后穴上出现黄水珠,这是菌丝新陈代谢、生理成熟过程中的分泌物,属于正常的现象。处理黄水珠的办法是把菌袋侧放,使穴口统一朝向一侧。这样,黄水会自然流出穴外。同时,应把室内温度调至 24℃~26℃,开窗通风,则黄水量自然会减少。

3. 通风换气

每天开窗通风 1~2 次,保持房棚内空气新鲜,干湿交替,使原基在潮湿清爽的环境下,尽快分化成幼耳,并逐步长大。通风还要根据栽培季节和出耳时间灵活掌握。气温极高时,采取白天关闭门窗,不让热风热气吹进耳房内;早、晚打开门窗,长时间通风;低温季节通风,宜选择在上午 10 时至下午 3 时进行,但要缩短通风时间,每次控制在 15 分钟左右即可。

4. 保湿养耳

子实体生长阶段所需的水分,除了靠基质的含水量输送外,大部分需靠人工喷水加湿来提供。扩口或划口后进入子实体发育生长时期,要求空气相对湿度在 90%~95%。低于 80%时,耳结、色黄,分化不良;高于 95%时,耳片舒展色白,朵形松散,且易烂耳。长耳期注意干湿交替,使子实体肥厚,朵形圆整美观。子实体生长阶段所需水分,以微粒状雾化为好。

5. 控制适温

子实体生长期菇房温度以 23℃～25℃为佳。若低于 18℃，耳结蕊多，展片不良；高于 30℃，耳片疏松肉薄，容易烂蒂。春、秋季节自然气温适宜时，培育室可以全天打开门窗，使气流顺畅，空气新鲜；夜间气温低于 18℃时，应关闭门窗保温。夏季气温高时，长耳期间也可把菌袋搬到林阴下、地下室、防空洞和地沟等阴凉环境中培养，使子实体正常生长。冬末、早春气温低，栽培时可用电炉、红外线或用煤炭火加温。采用煤炭火加温时，要注意通风，排除二氧化碳气体。

6. 增加光照

子实体发育成长阶段，菇房内必须有散射光照。一般光照度 300～500 勒，也可以在耳房内安装日光灯照射。这样，展片快，耳片肥厚，色泽鲜白，产量高。如果房内黑暗，子实体发育将受到抑制。冬季栽培时，有些菇农为了保温，紧闭门窗甚至挂上棉帘，以致房内光照不足，影响子实体的正常发育。因此，冬季一定要增加适量光照时间，以利于子实体健康生长。

（九）子实体成熟期停湿造型技艺

银耳进入成熟期，一般在接种 30 天后，子实体直径可长到 12 厘米左右。从进入成熟期开始直至采收，通常需要 6～10 天，这期间对环境条件的要求与子实体生长发育期不同。要使子实体达到朵大肥厚，朵形圆正，展片整齐美观，这就需要人为停湿造型进行科学控制，具体措施如下。

1. 停湿作用

子实体进入成熟期并形成担孢子时，如果湿度过大，会引起霉菌发作而烂耳。因此，必须停止喷水，空气相对湿度保持85％左右。停湿后子实体所需的水分，主要靠菌丝体从培养基内加紧吸收输送，使其基内养分、水分在短期内全部被吸收降解向子实体输送；同时，停湿后可使子实体尚未伸展的耳片继续向外发育；而已成熟的耳片，因外界水分缺乏而停止生长。这样，促使耳片长势平衡，银耳朵形圆整美观，耳片肥厚、疏松。停湿后进入成熟期。通常在后期可停湿 8～10 天，以利于提高产量。

2. 加强通风

成熟期必须增加通风量，使菇房内空气保持新鲜，子实体有足量的氧气。特别是雨天，通风不良，湿度偏大，容易造成烂耳。春、秋季节自然气温恒定在 23℃～25℃时，应整天开窗通风；夜间气温下降时，闭窗保温。早春、秋末气温较低，应在保温的前提下，每天通风 3～4 次，每次 30 分钟。

3. 引光增白

银耳子实体进入收获期时，除停湿通风外，还需要一定光照。光照可以促进耳片色泽增白，同时阳光中的紫外线对附着在耳片上的霉菌、细菌有杀灭作用。每天上午 8～10 时应打开门窗，让阳光透进耳架，照射子实体，促进耳片色泽鲜白，耳片增厚，提高商品质量。

4. 控温防害

子实体停湿期，室内温度保持 23℃～25℃为适。如果低于 22℃时，容易引起蒂头淤水瘁烂。早春或晚秋气温低时，采取电热升温或在室外烧火，热源通过火坑进入室内升温。注意不要在室内用煤、柴、炭明火加温，以免二氧化硫气体袭击子实体，引起产品污染。超过 25℃时应开房内排气扇，加强通风，保持菇房空气新鲜，确保停湿期不烂耳。

(十)规范化管理技术程控

为了便于栽培者一目了然，科学地掌握银耳栽培新技术，这里介绍菌袋接种后发菌培养、划线增氧诱耳及子实体生长发育，规范化管理新技术日程控制，见表 5-3。

表 5-3　银耳袋栽规范化管理新技术日程控制表

培育天数	生长状况	作业内容	环境条件要求			注意事项
			温　度（℃）	湿　度（%）	每天通风	
1～3	接种后，菌丝萌发定植	菌袋重叠，室内发菌，保护接种口的封盖物	26～27	70以下	不必通风	室温不超 30℃，干燥防湿、避光养菌
4～8	穴中凸起白毛团，菌丝伸长袋壁	翻袋检查杂菌，疏袋散热、调整堆码	24～25	70	2 次，各 10 分钟	防止高温和阳光直晒，保持室内干燥

续表 5-3

培育天数	生长状况	作业内容	环境条件要求 温度(℃)	湿度(%)	每天通风	注意事项
9～10	菌圈直径8～10厘米,色白带黑斑	空间消毒,转房上架排袋	23～25	75	3～4次,各30分钟	室温不超25℃,保湿,通风,增氧
11～14	菌丝强壮现黑云色,逐层伸展	检查杂菌,疏袋散热,做好开口前准备	23～25	85	3～4次,各20分钟	室温不低于18℃,不高于28℃,空气新鲜
15～16	菌丝基本满袋,原基分化成碎米状耳芽,伴有棕色水珠	撕掉穴口胶布,侧袋,覆盖报纸,喷水保湿	22～23	90	3～4次,各30分钟	菌袋穴口朝侧向,让黄水向穴外流泄
17～20	原基分化舌状耳片出现,伴有红棕色水珠	喷水报纸保湿,每日掀动报纸1～2次增氧	23～25	90	3～4次,各30分钟	喷雾空间及菌袋底面,注意开窗通风,引光
21～23	幼耳丛生食指大,耳片伸展	在穴口两旁侧面各划1道3厘米长增氧口,覆盖报纸喷水保湿	22～23	90	3～4次,各20至30分钟	若气温偏高,提前划口增氧,并喷水、通风、引光。划口后防超温

续表 5-3

培育天数	生长状况	作业内容	环境条件要求 温度（℃）	湿度（%）	每天通风	注意事项
21～30	朵大8～12厘米，耳片松展，色白鲜艳美观	晒纸1次，重盖袋面，再喷水保湿，引光增加耳片白度与厚度	23～25	90	3～4次，各20至30分钟	保湿为主，干湿交替，通风更新空气，防止过湿烂耳
31～38	朵形圆正，高大肥厚，有弹性，耳片略有收缩，色白，基黄	停止喷水，加强通风，控制湿度，成耳待收	23～25	80～85	3～4次，各30分钟	不低于22℃，防止蒂头瘁烂，防止鼠害，35天后选择晴天采收

六、银耳产业化经营安全装置特殊栽培新技术

（一）银耳 HACCP 控制有机栽培

有机栽培倡导用自然、生态平衡的方法，从事农业生产和管理，禁止使用农用化学品，生产无污染的、安全的农产品。HACCP是一个国际认可的，保证农产品免受生物性、化学性及物理性危害的预防体系。它主要通过科学和系统的方法，分析和查找生产过程的危害，确定具体的预防措施和关键控制点（CCP）。采取有效的预防措施和监控手段，以防止危害公众健康的问题发生，并采取必要的保证措施，从而确保产品的安全卫生质量。

1. HACCP 在银耳栽培中应用

HACCP 是英文“Hazard Analysic Critical Control Point”（即危害分析及关键控制点）的首字母缩写。它产生于 20 世纪 60 年代的美国宇航食品生产企业，已被联合国食品法典委员会采纳，并向全球推广。“银耳之乡”的福建古田县在福建师范大学生命科学院黄祖新教授的指导下，将 HACCP 的方法和原理，应用于银耳有机栽培生产过程，建立有机栽培生产工艺的 HACCP 体系。确定 HACCP 质量控制参数和关键控制点，推动了银耳有机栽培生产的质量管理工作开展。出现了古田县雪杉耳研究所姚锡耀的（PP）营养罐安全栽培雪杉耳，2004 年获国家专利；古田县

城关含头食用菌园区陈初旭的(HDPE)塑料袋安全罩封闭式袋栽洁净银耳,2007 年获国家专利;大桥镇绿康食品公司倪桂峰、陈建江等 3 人研究发明安全容腔培育绿色银耳,2009 年获得 3 项专利。上述银耳产品,在特定的安全装置控制下,从接种到采收,全程不打水,不喷药,完全处于洁净的环境中生长;带罐、袋出售,消费者可以随吃随采,尝到原汁原味质量安全卫生的鲜活银耳,深受市场欢迎。

2. 作业过程危害分析

危害分析(HA)主要是查找生产全过程的各个环节中存在和可能出现的有害因素。

(1)原料质量 银耳有机栽培的原料必须有机化,如木屑应选择适于银耳生长的原次生杂木林,农作物秸秆的原料为有机农场生产。原料不得使用转基因林木和作物秸秆,不得带有病原菌及毒素,避免原料带来的危害。

(2)培养基灭菌 培养基灭菌不到位,会带来杂菌的污染;灭菌太过,会造成基质营养成分分解,有害物质产生,导致接种后子实体生长不良。一般采取高压灭菌,在蒸汽压力 10.787×10^4 帕(121℃)下保持 3 小时;常压灭菌上 100℃,保持 16～20 小时,达到杀灭潜藏在培养料中的病原菌。

(3)菌种纯度 菌种不得有杂菌污染,纯菌率要达到 100%。用于栽培的菌种,其农艺性状和经济性状要求子实体洁白,胶质丰富,产量高,适应性广和抗逆性强;银耳与香灰菌两种比例恰当,菌丝生长快,生活力强;菌龄适中,继代扩繁次数少等。菌种常因香灰菌丝退化,或潜伏俗称“杨梅霜杆菌”等隐性病毒,也是造成银耳欠产的重要因素。

(4)菌丝体培养 接种后菌罐、袋或容腔,排放架上培养,让菌丝迅速萌发定植生长。菌丝培养阶段的危害:温度高于28℃接种口吐黑水;低于18℃菌丝细胞自然脱水,吐出白色黏液,两者均会导致出耳后蒂头烂黑。应注意室内培养温度,控制在23℃～25℃为宜,避免营养罐或安全罩内温度失控,造成突然伤害。发现杂菌污染时,及时隔离,另作处理,防止蔓延扩大。

(5)子实体培养 从白毛团原基到子实体分化,一般是子实体增加厚度和重量的关键时期。子实体培养阶段的危害有:真菌性侵染的病原菌主要有:绿色木霉、黄曲霉、黑曲霉,浅江酵母菌引起红耳病,头孢霉、链孢霉分别为橘红色和白色两种。此外,不良的环境卫生和不适宜培养的环境条件,如通风和控制温、湿度不当,也会引起的生理性病害;在管理上注意观察接种口的白毛团原基或黄水的出现,黄水过多应排除,以免造成耳基霉烂。

(6)成耳管理 子实体发育后期,应围绕避免因环境条件的不适,引起生理性病害,如幼耳停止发育、烂耳、耳形变态、耳片污染霉菌等。烂耳常因分泌物积累过多,耳片上积水,栽培过程中空气相对湿度过大或通风不良引起,安全控制通气孔空气过滤物变污染等,也会造成耳片发育不良,品质下降。

3. 关键控制点预防措施

关键控制点(CCP)是根据银耳生产过程的危害分析,采取相应的预防措施,见表6-1。

表 6-1　银耳有机栽培关键点的预防措施

工艺流程	危害分析	预防危害的具体措施
原料质量	生物:病菌及毒素 化学:无 物理:无	拒收被病菌污染的原料,采用有机原料符合有机(天然)食品生产和加工技术规范以及 SSOP 控制
培养基灭菌	生物:病菌及毒素 化学:无 物理:无	严格控制灭菌温度及时间,按技术规程操作
菌种纯度	生物:微生物污染 化学:无 物理:无	SSOP 控制
菌丝体培养	生物:微生物污染 化学:无 物理:湿度与温度	SSOP 控制 注意通风和控制温、湿度,SSOP 控制和 CMP
子实体培养	生物:病菌、虫害 化学:无 物理:无	物理防范及 SSOP 控制 注意通风和调节温、湿度,SSOP 控制和 CMP
成耳管理	生物:微生物污染 化学:无 物理:生理性病害	SSOP 控制和 CMP 注意通风和调节温、湿度,SSOP 控制和 CMP

说明:①SSOP 指卫生标准操作程序。主要涉及生产用水的安全与食品接触的清洁度,防止交叉污染。手的清洁与消毒,厕所设施的维护与卫生保持;防止食品被污染物污染,有毒化学物质的标记、贮藏和使用;员工健康与卫生控制,虫害的防治。②CMP 指良好生产规范。政府强制性的食品生产、贮藏卫生法规。该法规作为食品生产包装,贮藏卫生品质管理体制的技术基础。具有专业特性的品质保证(QA)或制

造管理体系。主要包括对食品生产加工包装贮藏企业的厂房,建筑物与设施加工设备用具、人员的卫生要求,培训,仓贮与营销,以及环境与设备的卫生管理,加工过程的控制管理

4. 实施生产全程监控

银耳有机栽培,按照危害分析和关键控制点,实行生产工艺全程限值和 CCP 进行检测和监控。

(1)关键限值(CL) 控制措施关键限值的确定,应以银耳有机栽培生产的有关技术、安全法规、国家标准及行业标准和工艺规程为依据,结合企业生产、科研及专家的科学分析后确定,以确保控制措施的有效性。具体关键限值,见表 6-2。

表 6-2 银耳有机栽培实施程控内容

作业程序	原料选择	培养基灭菌	子实体培养	成耳管理
关键限值	符合规定原料质量控制指标	按工艺条件掌握灭菌温度及时间	控制温度、湿度、通风和光照时间的工艺指标	掌握培养时间和预防烂耳及病害等措施
监　控	原料进厂检验,投料时检验质量	灭菌期间每30分钟测试1次温度并记录	生产操作每天2次工艺质量检查	专人检查每批次成熟银耳质量。
纠偏措施	拒收污染原料和不符合有机标准原料。停止投料	严格检验,SSOP控制	操作工艺质量控制和CMP操作	执行SSOP控制和CMP操作,及时去除不合格产品

续表 6-2

作业程序	原料选择	培养基灭菌	子实体培养	成耳管理
记　录	质量检验记录	测温生产记录及检验结果质量检验记录	工艺质量检验记录	生产记录
验　证	每次投料检查和纠偏措施	检查监测和纠偏措施	每日 2 次检查监测和纠偏措施	跟随银耳采收检查和纠偏措施

(2)监控程序　监控人员快速对银耳有机栽培生产 CCP 进行测试或观察。将测试值与关键值进行比较,失控时及时调节。监控程序包括:内容,方法,频率,人员。

(3)纠偏措施　通过监控发现生产未达标时,必须立即采取纠偏措施。利用检测结果调整工艺与加工方法,以保持控制,如果失控,必须对不符合要求的产品进行处理;并且确认改正不符合要求的因素,以确保产品生产过程重新受控制。

(4)原始记录　记录的监控信息,是显示关键控制点受控制状态的证据。每个关键控制点的监控,要形成相应的记录。

(5)严格验证　首先对各关键控制点的监控进行验证;其次有针对性地对栽培的原料、成品抽样分析检验;对监控设备的定期校正和对监控记录进行复查。验证阶段是由企业质检员、卫生监督员、有关技术人员和各级管理者对 HACCP 系统定期自检验证,分阶段请有关专家进行验证分析,提出整改建议。

(二)银耳营养罐安全栽培技术

银耳营养罐安全栽培的独特之处:一是无公害装置。采用透明塑料两接罐,下半部装置培养基,接种培养菌丝体;上半部为子实体生长发育的位空,设过滤层过滤空气。银耳在这种培养罐空间内,有超净的空气和营养供应生长发育,从接种到采收,全流程不喷水,不施药,完全处在洁净的环境中生长,达到无公害有机食品的要求;二是鲜活性好。培养基连同看得见雪白、鲜活、洁净的子实体,整体进入超市货架出售,或进酒楼、餐馆的橱窗。让顾客现点现取,每罐割 1 朵银耳,正好烹饪一盘佳肴,原汁原味,成为近代餐饮的一种天然享受;三是观赏性强。罐内子实体像一朵晶莹剔透的牡丹花。置于 4℃低温商品橱展销,其货架期 30 天,28℃以内常温下,货架期 15 天,保持鲜活不变,消费者购回增添一种艺术观赏品,又可品尝保健有机食品。下面介绍具体栽培的方法。

1. 营养罐设置

营养罐是近代银耳进入工厂化生产的一种新型栽培容器,以聚丙烯(PP)为原料,通过模具热注成型,具有透明、耐光、耐高压的特点。罐高 18 厘米,直径 8.5 厘米,罐中间螺纹旋合,下半部高 9 厘米,装载培养料。每罐装干料量 160 克;上半部高 9 厘米,其罐顶中心设通气口高 1 厘米,口径 3.5 厘米,装有海绵过滤片,配有塑料口盖,每罐长耳 200 克。营养罐栽培实际是 HACCP(即危害分析及关键控制点)体系,在银耳有机栽培中的应用,达到产品安全。

2. 培养基要求

按照有机食品的要求，选择主要原料、辅助营养料和添加剂以及水等，事先通过检测砷、铅、镉、汞含量以及农药残留量，不超出规定的范围。原料再经暴晒等处理。具体配方：阔叶树杂木屑78%、麦麸18%、玉米粉2%、蔗糖1%、石膏粉1%，水与料比为1∶1～1.15。将上述培养料搅拌均匀，含水量60%左右，pH值6～7。由于在营养罐内长子实体，自始至终不喷水，所以培养基含水量一次性配制达标。尤其夏季空调条件下培养，含水量要适当提高一些。

3. 装料灭菌

装料有条件的单位可购置自动化装料机。将营养罐装入塑料周转筐内，装量24罐，罐口对准输料筒口，1次装成24罐，台/时生产功率6000罐，是近代自动化程度较高的罐瓶装料机械设备。手工装罐时，先将罐集中排放，将料撒放于罐面，并用竹扫来回拖动，使料落入罐内，再提起在掌中扣实；当填料至离罐口2厘米左右时，再扣实。每罐装干料量160克。然后在料中央打1个深2～3厘米的接种穴，顺手封好罐盖，清理罐面残料。装料后置于高压灭菌锅内，在蒸汽压力10.787×10^4帕(即121℃)下保持2小时，或常压灭菌下100℃保持16小时，然后卸出冷却。

4. 接种发菌

待料温降至28℃以下时，把罐搬进无菌箱内。接种时打开罐盖，将银耳菌种迅速通过酒精灯火焰接入罐内穴中，略向料面低1厘米，顺手封盖。然后搬进培养室内发菌培养3天，室温24℃～28℃，空气相对湿度70%以下，适当通风。

5. 揭盖罩罐

经发菌培养5天,穴口白毛团涌现时,将罐盖去掉,把上半部透明罐罩上,并顺螺纹旋紧。去盖换罩应在无菌环境条件下进行。

6. 控温培养

营养罐栽培银耳从接种后到成耳出品,需30天左右,管理上主要控制好温度。接种后菌丝萌发定植后,第五天揭盖时,以23℃~26℃为好。揭盖罩罐3天后,适当调低3℃刺激1~2天,有利于诱发原基。10天之后掌握23℃~25℃,不超过28℃。一般接种后13~15天原基形成碎米状耳芽,伴有棕色水珠,逐日长大。空气相对湿度70%~75%,每天早、晚通风换气,室内要求清洁、干燥、凉爽,光照度300~600勒。

7. 成品运销

营养罐银耳成熟期,应掌握子实体直径6~7厘米,色洁白,晶莹透亮,耳片舒展无结芯,朵形美观为标准。成品按每24罐或32罐纸箱包装,采取低温流通,冷藏起运,保鲜商品橱展销。食用时旋开罩盖,整朵割下,凉拌,炒煮,细嫩清脆,荤素皆宜。银耳采割后将罐底打洞,利用罐内废料栽种花卉,或取料作花肥施用,对环境又无污染。

(三)银耳安全罩袋栽培技术

所谓"安全罩袋"是由聚丙烯塑料袋制成,分为上、下袋。上袋作为安全罩,袋旁开1个2厘米×3厘米方块通气口,用过滤纸封口，达到既能过滤空气，又防止灰尘和蚁虫进入；下袋为装培养料用的载体称为营养袋。这是在无公害生产的基础上，按照绿色和有机栽培要求进行生产。其特点是菌袋接种培养生理成熟，进入子实体生长时揭去袋盖，套上薄膜安全罩。每袋长银耳 1 朵，250 克左右，运输方便，成本低。具体方法如下。

1. 营养袋制作

采用棉籽壳、麦麸、石膏粉为原料，按无公害栽培基质要求和袋栽常规配方，加水拌匀，含水量 55%～60%。选用 15 厘米×25 厘米聚丙烯原料的成型折角袋，每袋装干料 175 克左右，袋口用塑料套圈加盖。装袋后置于高压锅内灭菌，在蒸汽压力 10.787×10^4 帕下保持 2.5～3 小时。取出冷却后，按无菌操作接入银耳菌种，并盖好塑料盖，移入培养室内发菌培养。

2. 菌丝培养

培养室保持清洁干净，室温控制在 23℃～25℃，每天通风 1 次，每次 1 小时左右。经过 15 天左右培养，菌丝长满袋，料面出现的“白毛团”即将形成原基时，揭去塑料盖。

3. 套捆安全罩

去掉袋口上的塑料盖，套上“安全罩”。在套罩与营养袋连接处，用橡皮筋扎紧封闭，然后把菌袋摆上培养架，让其自然生长发育。

4. 控温管理长耳

子实体形成与发育阶段，管理技术主要掌握好室内温度，控制在 23℃～25℃，不超 28℃，不低 18℃。随着菌丝生长发育，袋温升高，此时注意疏袋散热，袋与袋之间距离 2～3 厘米；每日通风 1～2 次，每次 30 分钟，保持室内空气清新，并引进散射光，促使展片良好，色泽鲜白。

5. 产品上市

套罩后一般培育 20 天左右，即菌袋接种后 35 天，子实体生长达到直径 15 厘米左右的，即可带袋包装上市。未采收之前不可打开安全罩，避免子实体露空变质。

(四)银耳安全容腔绿色培育技术

1. 安全容腔特点

采用安全容腔培育银耳，是银耳菌袋接种培养菌丝生理成熟，进入揭胶布扩穴增氧阶段，把菌袋放入安全容腔中培养出耳，直至采收。安全容腔是采用聚丙烯为原料，通过模具热注成型，透明度强，耐光性好。容腔长 50 厘米，分成两段对接，腔内直径 16 厘米，中间螺旋旋接。容腔两端配有透气口，高 0.5 厘米、宽 6 厘米，装有空气过滤材料。这种安全容腔创新点，在于腔内体积比前两种安全设置较为宽敞，银耳子实体不受罐或袋壁的约束，所以耳片舒展，无畸形，朵大丰满，色泽洁白，品质好，外观美。

2. 菌袋基质要求

生产基地按照 NY/T391-2000《绿色食品　产地环境条件》的要求；培养基配制按照 NY5099-2002《无公害食品　食用菌栽培安全技术要求》，生产用水应符合 GB 5749-85《生活饮用水标准》，拌料、装袋、灭菌、接种培养，各个环节严格按照绿色食用菌栽培技术规程操作。栽培袋符合 GB9687—1988《聚乙烯成型品卫生标准》，折角袋规格 15 厘米×55 厘米，每袋装干料量 650 克，袋面打 3～4 个接种穴，采用绿康公司选育的 TR93 和 TR96 两个菌株，菌龄 8 天。

菌袋生产工艺流程：

选料→配料→装袋→灭菌→冷却→接种→培养

各个环节过程把握关键控制点(CCP)，确保菌袋基质的安全性。

3. 进腔前严格把关

菌袋在 23℃～25℃，干燥卫生环境中培养 15～16 天，菌丝生理成熟，银耳芽孢胚胎进入分化原基阶段时，菌袋进行严格检验。凡被杂菌污染或怀疑有病害的菌袋，一律淘汰，确保菌袋的质量纯度与安全。

4. 菌袋入腔操作

在经消毒洁净的培养室内，揭去菌袋穴口上的胶布，顺手用刀片在接种穴口上割膜 1 厘米宽，扩大穴口，有利于袋内菌丝透气增氧。经过揭布扩口后的银耳菌袋，在无菌室内装入安全容腔内，顺手旋紧两端，使其对接成整体；菌袋入腔后保持接种口向上，使 3～4 个接种穴的银耳子实体，在容腔内向腔内上方正常生长。

5. 培养管理措施

菌袋在安全容腔内，完全靠腔内的小气候环境自然生长。由原基分化成幼耳，并逐步发育形成子实体，整个生长时间 15～18 天。这期间不喷水，不施药，管理重点是观察室内温度，一般控制在23℃～25℃恒温培养。容腔内外温度基本接近，但注意气温高时，菌袋扩口增氧进腔后1～2天，菌丝代谢加强，菌温自身会升高2℃，因此容腔外的室温应调低2℃，控制在21℃～22℃，这样有利于幼耳正常分化。还要注意门窗遮荫，早、晚开窗通风；长耳阶段需要散射光线，有利于容腔内子实体展片好，颜色白；室内要求环境卫生，干燥、通风良好。

6. 产品保鲜运销

安全容腔培育的绿色食品银耳，在正常气温条件下15天，当耳片伸展，形似牡丹，色泽洁白、朵形丰满时，即可作为商品上市。产品包装采用塑料泡沫箱，内交叉重叠3层，每叠4袋计12袋，采用4℃冷藏车运输。保鲜商品橱窗在4℃～12℃条件下，货架期10～20天。可作为馈赠亲友的健康礼品。食用时旋开容腔接口，1袋3朵或4朵，可分批采摘，凉拌、炒煮荤素皆宜，塑料安全容腔回收再利用。如作为干品销售，可把子实体割下，置于专用脱水机烘干成品，产品包装袋贴"绿色食品"标志上市。

银耳安全容腔绿色培育技术专利发明人倪桂锋、陈建江，地址：福建省古田县大桥镇中心路1号。咨询电话：13599831110，15828582298。

（五）银耳反季节栽培管理技术

银耳袋料栽培过程中，各产区依据当地所处海拔高低，顺应自然气温进行生产，并不断拓宽生产领域。现介绍反季节栽培中的有关技术。

1. 高山反季节夏季栽培

银耳传统生产季节以春、秋季自然气温为宜,而冬季气温低,夏季气温高,均为逆温,不适合银耳生长。然而每年夏季、冬季正是银耳产品市场旺销季节,往往产销不平衡。为了调节银耳产季,各地栽培者不断试验研究,积累了反季节栽培的技术,在酷暑和寒冬照样能生产银耳,实现春、夏、秋、冬四季周年生产。具体技术措施如下。

(1)接种时期 夏栽银耳在南方适于海拔 700 米以上的山区,菌袋接种期一般为 3 月中下旬至 8 月下旬先后栽培 4 批。而北方诸省只要夏季自然气温不超 30℃的地区,一般均可接种。

(2)改善基质 夏季气温高,采用棉籽壳为原料需要区别处理:凡是棉籽壳含纤维多,松软,呈粉状,浸水后挤压液汁呈乳状物的,可加入杂木屑 8%,配方中麦麸比例应比春、秋季节减少 2%,防止营养过量,菌丝代谢过旺,袋温超高。夏季水分易蒸发,培养基调水适当多些,这样可使培养基疏松、透气。营养适当偏弱,含水量恰到好处,使菌丝正常生长。凡是棉籽壳含籽壳量多、纤维少,浸水后挤压没有乳状汁的,则为品质稍弱,吸水性也差,这种原料应适当减少含水量。菌袋生产工艺按常规。

(3)控温养菌 首先了解当地近期气温,回避高温期,选择阴天午夜 12 时至翌日凌晨 3 时气温最低时间,进行抢温接种。发菌室内有条件的专业性厂(场),应设空调器降温。民间栽培以海拔较高、自然气候稍凉的山村接种和发菌,也可在当地傍山临水、环境阴凉的房间发菌培养。发菌期间遇高温,应把菌袋排稀,袋距 5 厘米。室内安装风扇,并开通门窗使空气对流,降低温度,确保菌丝培育期室温不超过 30℃。发菌期禁忌喷水降温,以免造成高温、高湿引起杂菌发作,污染菌袋。

(4)搭盖荫棚 选择树林荫蔽度好，太阳不西照，近水源，地整平坦，通风良好，环境卫生的场地，搭建度夏耳棚，这是反季节栽培的理想场地。通过遮荫技术处理，在夏季空间温度35℃时，而野外荫棚内一片阴凉，温度计显示26℃，正适宜银耳子实体生长。在荫棚方面，各地应因地制宜构建。有的菇房采用“荫棚套内棚”，荫棚用竹木条搭成“∧”形，中间高4米，两边各3.2米；棚顶内衬固定塑料膜，外盖芒箕、茅草；四周围草帘，布防虫网，并安装日光灯。一般每个荫棚内设4个内棚，内棚呈“∩”形，排放2个架床。架床外柱高2.5米，内柱高2.75米，分设5～6层，底层离地15厘米，顶层离棚顶50厘米，离边距离25厘米。床宽90厘米，排放2个菌袋。2架床之间设60～80厘米走道。架顶用弓形竹片拱起，用塑料膜将2个架床覆盖，安装通风设备。有的菇农在荫棚顶上安装喷水头，中午气温高时打开开关喷水降温。内棚起调节温、湿度和通风作用，外棚防雨遮荫，创造良好的长耳环境条件。也可以荫棚内不搭架，采取畦床卧倒排放菌袋，穴口朝天，上搭竹片弓棚，畦床上方覆盖黑塑膜，利用地温比空间气温低的优势，让露地畦床的菌袋更好长耳。

(5)出耳管理 清理好棚内外场地残留物，四周撒石灰粉消毒。夏栽银耳菌袋在室内培养12天左右，就可搬到野外荫棚内，排放培养架上或露地摆放于畦床上。排袋时穴口朝天，袋与袋的距离为3～4厘米。培养3天后撕去穴口胶布，同时割膜扩穴覆盖报纸，并喷水保湿。采用划线增氧的，去掉穴口胶布后，覆盖报纸喷水增湿，当幼耳长至指头大时，进行袋旁两边划线增氧。野外荫棚温度为23℃～26℃时，子实体生长良好。大、小暑季节温度超过28℃时，应注意疏袋排放，拉宽袋间距离。架床栽培的应把顶层2层菌袋搬到下层，最好保持底层排3架以利于降温。同时，加强棚内通风设施，促使空气流畅。

2. 低海拔冬季栽培

这里指的冬季栽培，主要是南方省、自治区，12 月份至翌年 2 月份，通常月平均气温在－2℃～－5℃的地区。在这些温区进行冬栽银耳时，首先使发菌阶段温度不低于 20℃，出耳阶段温度不低于 18℃，才能确保银耳栽培达到理想效果。菌袋生产工艺按常规，特殊处理技术如下。

(1)选料优配 冬季气温低，菌丝代谢缓慢，要求提供较好养分的培养料，才能满足菌丝生长所需。为此，要选好主料。棉籽壳应选取籽粉仁多，易粘手，较新鲜，呈绿色、黄色或红褐色的籽，带较多棉纤维，这种棉籽壳含氮量高。在配方中加 1%～2%蔗糖，3%玉米粉，含水率应掌握在 60%。原料质好，配方营养成分高，有利于菌丝生长，其袋温比一般配方可提高 3℃，有利于发菌期菌丝正常生长发育。

(2)增温设施 冬季耳房必须增加保温设施。如增设地下火坑道、采取室外燃烧、烟热进坑道等方法，提高耳房温度；同时，在四周土墙、房顶上方加盖薄膜沥青纸、稻草和干泥土。房内四周用膨体塑料保温板做墙壁。内安装微型吊扇，设通风窗口，安装排气扇。北方气温较低，可采用太阳能温床、日光温棚或设有暖气设备的塑料大棚作出耳房。

(3)控温发菌 接种后进入发菌阶段，室内应加温，可采用保温灯、电热炉或煤炉加温。采用煤炉加温时，在炉口套上排气筒，伸向窗外，把有害气体排出室外。通过加温使室内温度达到 20℃以上。冬季发菌长势缓慢，培养时间一般需 13～15 天，比常温培养慢 3～4 天。发菌期紧闭门窗保温，要注意防止房内二氧化碳积累过多，因此应选择晴天中午气温高时，打开门窗通风换气。

(4)出耳管理 在适温下经过15天的培养，如果温度偏低，菌丝生长缓慢就得延长1～2天。然后将菌袋搬入出耳湿房内，上架排放；揭布敞口增氧、盖纸、喷水保湿，引诱原基发生。再经2～3天培养后进行割膜扩穴，采取划线增氧的按划线增氧工艺操作。出耳阶段栽培房温度控制不低于18℃，争取达到23℃，以适于子实体正常生长。冬季耳房内空气流动小，由于火坑加温和菌丝体代谢发出热能，使高温气体聚集到上层，低温气体沉落在下层，形成上下温差大，导致培养架上下层温度不均。因此，必须经常打开室内上方的微型吊扇，使上下层气流均衡；有的菇农采取电风扇卧倒排放，让风由下向上吹，使房内上下层温度均匀。中午短时间开窗通风换气，使空气流畅。防止片面追求保温，而紧闭门窗不通风，造成菌丝缺氧窒息，影响子实体展片。冬季开窗通风要防止西北风直吹子实体上，以免引起耳基受冻痒烂；通风的时间也不宜过长，否则会造成房温下降，重新增温又需加热，消耗很多能源。冬季耳房内外温差较大，如果长时间通风，会使菌丝体受到剧烈的变温刺激，降低活力，影响正常生长。还要注意的是子实体生长期，不宜采用燃烧煤炭直接保温，以免造成房内缺氧，影响子实体正常生长。

(六)大棚栽培银耳多品种连作方法

近年来许多城市郊区，大量蔬菜塑料大棚被用于栽培食用菌或进行菇菜间种，提高了大棚的利用率和经济效益。大棚耳菇套栽具体技术如下。

1. 掌握棚温

塑料大棚内的气温和空气相对湿度与室外差别很大，栽培者应掌握棚内四季温度和空间湿度变化的数据，方能恰如其分地进行银耳生产。

2. 季节安排

大棚内适于银耳出耳的月份，据上海华漕地区塑料大棚显示的温度：5～6月份，18℃～24℃；9～10月份19℃～25℃。而空气相对湿度，春、秋两季平均在93%～95%，正适宜子实体生长。按照上述适温适湿的长耳期，提前15～18天进行菌袋配制与接种，并进行室内发菌培养。

3. 进棚长耳

当菌袋培育13～15天，菌丝发育走到袋下部相连接时，搬进大棚内的培养架上排袋；同时进行揭开穴口胶布、割膜扩穴一步到位，并盖纸喷湿。采取袋旁划线增氧的揭开穴口胶布后，先盖纸喷湿6～7天，再进行划线增氧工序。由于大棚内空气相对湿度较大，出耳阶段一般不需喷水。干燥天空气相对湿度低于80%时，应在盖纸上喷水增湿。注意通风换气，使棚内空气新鲜。棚顶需盖草帘或遮阳网，尤其秋季更要防止阳光照射。一般在大棚内长耳只需20～25天即可收获。采收后将废菌袋及时清理出棚，然后继续将发好菌的菌袋，搬入棚内上架出耳。如此，在春、秋季4个月可连续安排5批出耳。

4. 套栽品种

大棚除栽培银耳外，还有8个月时间，可选择温型适合的菇耳进行交叉套种。上海华漕塑料大棚内1～3月份，月平均气温在4℃～12℃，适合栽培低温型的金针菇、真姬菇；7～8月份月平均气温24℃～28℃，适于栽培高温型的金福菇、鲍鱼菇、白毛木耳;11～12 月份,适于栽培中低温型的秀珍菇、杏鲍菇、猴头菇。这样多品种交叉套栽,一年四季不断生产菇、耳,形成立体式周年制栽培,生产效益数倍增长。

5. 注意事项

塑料大棚栽培菇、耳时,要及时掌握气温变化。上海地区棚内秋季 9 月份极高气温达 29.17℃。如果银耳菌袋入棚开口扩穴时,袋温自身热量增加,又遇极高气温,必然造成菌丝受到严重危害,而使栽培失败。因此,必须注意天气预报,要回避极高气温进棚出耳,才能确保成功。大棚密罩,空气相对静止,为此必须设微型吊扇和开设通风口,安装排气扇,使棚内空气流畅,氧气充足,促使银耳子实体肥厚,朵大,展片正常,产量稳定。

(七)银耳栽培欠产失败主要因素

“银耳生产无常胜将军”,这是“银耳之乡”的古田菇民中流行的一句话。意思是银耳生产管理技术虽不是高科技,但相对而言,比其他食用菌生产的技术性强,难度大得多。因为银耳生产周期仅有 35～40 天,且属中温型、恒温结实的菌类;两种菌丝混合体的生物学特征与众不同,在管理上只要在某一个环节上稍有疏忽,或在短期内技术性失误,遇大自然恶劣气候侵袭,都会导致不出耳,造成欠产或全部失败。我们对常见的失败情况,进行科学的综合剖析,属于人为造成的,其原因如下。

1. 菌袋基质欠佳

表现在接种后,杂菌污染严重,主要原因是料袋灭菌不彻底,潜存杂菌;或塑料袋质次,有针孔,导致污染;有的因培养料配制时水分过高，也会引起杂菌污染；还有的因拌料装袋时间拖长，袋内温度高，微生物发酵，使基料酸败，pH 值上升，菌种无法吃料定植。

2. 栽培季节失误

银耳栽培季节，在自然气温条件下以春、秋季为宜。但有的栽培户没有很好地根据当地气候，因地制宜地确定最佳接种期，盲目提前或延迟接种，结果春遇寒流，秋遭高温，使菌丝处于逆境下生长，体质纤弱。尤其秋栽气温不稳定，常受高温危害，使菌丝受伤而影响出耳和产量。

3. 接种把关不严

接种室及工具在接种前消毒不彻底，接种室四周环境不卫生或靠近食品酿造厂房；加之操作人员个人卫生不符合要求，衣服带杂菌入室；接种时不按无菌操作要求进行，以致杂菌乘虚而入造成污染。

4. 发菌控温不当

银耳接种后 1～12 天，属于菌丝生长期，其中头 3 天为萌发期，4 天之后为发育期。前后期间对温度要求不一，萌发期温度应控制不超过 30℃，发育期不超过 28℃。有的栽培者秋栽发菌时，没有很好掌握这个极限温标，超温后又不采取疏袋散热等措施，致使菌丝受高温危害，穴口吐黑水，发生烂耳；春栽发菌时，遇到春寒没及时加温，使菌丝长时间处于低温，引起细胞脱水，致使穴口吐白色黏液，这些都直接影响出耳和产量。

5. 开口扩穴误期

菌袋开口增氧的适合菌龄，通常撕掉胶布割膜扩穴。菌龄应掌握在14～15天；而袋旁划线增氧的菌龄一般为21～23天，比割膜扩口迟7天。但常因开口扩穴时间拖延，使袋内菌丝严重缺氧而生长衰弱，出耳困难或出耳不齐而减产。

6. 喷水增湿过失

菌袋开口增氧盖纸后，没及时喷水，袋内呼吸旺盛，水分蒸发快，穴口菌丝干枯，致使原基难以形成。有的栽培者一见原基形成，也依照黑木耳“疏基”一样，直接喷水，引起了原基受害。银耳每穴长出原基只有1粒，之后分化成子实体1朵，如果原基受害，就无法再出耳。幼耳期喷水过量，会造成瘁耳；关门喷水通风不良，将造成霉菌发作而烂耳；培养架过高，喷水时高层喷不到，底层又过湿，造成高低层出耳不齐，甚至高层缺水，子实体发育不良。

7. 房棚结构不妥

民间常用住房栽培银耳，多为单门，缺窗口，空气不对流，因此靠门口一带通风好，长耳优；靠里面一批菌袋长耳较差，影响整体产量。有的栽培房上方不设通气孔，喷水增湿后水蒸气上升，气水滴在栽培架顶层的耳袋上，造成顶层子实体霉烂。

8. 菌种质量不良

因菌种造成栽培失败的有多种表现：有的菌种本身不纯，带有杂菌或病毒，尤其是俗称“杨梅霜杆菌”也有人称“恶性白霜菌”，肉眼不易辨认。它混在菌种内，接种后萌发力极强，压倒银耳菌丝，以致无法出耳；有的香灰菌丝退化，接种后期开始长势正常，呈黑色，中途逐渐褪成白色而消失，以致整批不出耳；有的因夏季气温高，室内空调适温育种，但菌种售出后，运输过程超温，银耳菌丝受到挫伤，造成无法出耳；也有的在制种过程中，两种菌丝配比失调，香灰菌丝过旺占了优势，而银耳菌丝受到制约，致使出耳缓慢或出耳率不高。也有的因菌龄过老，菌丝活力差，出耳慢，朵小，欠产。

9. 虫害防治疏忽

在菌袋开口撕布前，环境灭害防患工作没到位，开口后螨虫钻进穴口咬吃菌丝，造成无法出耳；也有的因门窗没安装网纱，蚊虫侵入，尤其是春季原基分化成幼耳时，成群瘿蚊从窗口飞入，聚集在穴口上咬食幼耳，破坏子实体生长。这些瘿蚊繁殖率极高，产卵于穴口，形成幼虫，钻进穴内咬食菌丝，造成成批败坏。

10. 岗位责任制不健全

特别是工厂化生产的厂(场)，没有制定好银耳栽培管理全过程的岗位责任制，技术不到位，责任不到人。尤其是料袋灭菌时，擅离岗位，中途停火降温，造成灭菌不彻底，杂菌污染菌袋；开口增氧这一技术环节没有重视，胶布一撕，则穴口菌丝呼吸增强，需要喷水增湿。此时耳房温度上升，如遇气温变化时，须午夜进房喷水，通风降温，以改善环境条件。但在这成败的关键时刻，如果管理马虎，结果白毛团损伤，甚至死亡，造成栽培失败。

银耳栽培失败因素之多，有客观，也有主观，总结其失败因素，让生产者在实践中加以注意。同时，要求有针对性地采取相关措施，尽力避免与防患，更好地促使银耳产业化经营的顺利进行，争取实现理想的栽培效果。

七、银耳产业化经营病虫害防治技术

(一)银耳无公害栽培综合防治措施

银耳成为大众化绿色食品,从田园到餐桌无污染,这是当今人们对食品质量追求的一个基本条件。然而银耳生长繁殖与粮食、水果、蔬菜一样处在复杂的生态链中,病虫害也是不可避免的事实。根据绿色食品栽培的要求,在防治上必须坚持"以防为主,防重于治"的原则,提倡生态防治,生物防治,物理防治,尽量不用或少用化学农药的无公害综合措施,确保银耳产品无污染,安全卫生。具体措施如下。

1. 生态防治

生态防治要求优化环境,杜绝污染源,这是病虫害防治工作的基础。具体应做好以下几方面工作。

(1)选好场地 栽菇房(棚)要求建立在土壤干燥,傍山依水,空气流畅,四周空阔,较大范围内无害虫,空间无大气污染的地域;要远离禽畜饲养场、垃圾场、酿造厂、生活区及医院等,从生产场地上杜绝病原菌危害。

(2)水质清净 水源最好是地下水、溪水或自来水,水质清净无污染;野外菇棚内要求四周开沟,雨后不积水;出耳喷水禁用有污秽的池塘水、田水和沟水。

(3)房棚优化 银耳室内栽培房,要有良好的通风排湿、保温、控温设备和适宜光照。门窗安装尼龙纱网。水泥地面磨光，墙壁四周刷白灰。如果利用防空洞、地道、山洞作栽培场所时，出入口处要有一段距离保持黑暗，房内安装黑光灯。野外栽培棚四周盖好防雨膜，外披茅草遮荫，棚内同样需要安装黑光灯。

(4)合理轮作 银耳野外栽培棚的场地，采取合理轮换生产不同品种，对防治病虫害也有好处。因为长期栽培 1 个品种，其病虫害繁殖指数和抗逆能力也随着上升和增强。如果间隔 1 年或 2～3 年后，再轮换回来，在这间隔期间由于品种的变换，对此专害性病虫感到不适应，也会外逃，侵害也就减少。

2. 生物防治

生物防治包括采取植物性药物和培养动物性天敌来治虫，以及育菇壮体，克制病虫害。

(1)植物药剂 利用有些植物本身含有杀菌驱虫的药物成分，作为防治病虫害的药剂。如除虫菊，是绿色植物农药的理想原料，主要含有除虫菊和灰菊素，花、茎、叶可制除虫菊酯类农药，是合成溴氰菊酯、氰戊菊酯的重要原料。可将除虫菊加水煮成药液，用于喷洒耳房环境，杀灭杂菌害虫；还可将除虫菊熬成浓液，涂黏于木板上，挂在灯光强的附近地方诱杀菇蝇、菇蚊，效果很好。此外，茶籽饼也是植物农药。茶籽是油茶植物的果实，榨油后的茶籽饼气味芬芳有杀虫效果，将其磨成粉撒在纱布上，螨虫就会聚集于纱布，然后把纱布放在浓石灰水里一浸，螨虫便被杀死，连续操作多次杀螨效果可达 90%以上。此外，烟草、苦楝、臭椿、辣椒、大蒜、洋葱、草木灰等都可作为植物制剂农药，用于杀虫，成本低廉，又无公害。

(2)微生物杀虫剂 苏云金杆菌(*BacilLus thuring ien-*

sis，简称 Bt)是一种天然存在的昆虫病原细菌，可防治鳞翅目害虫、线虫和螨类等。在 30℃左右时，杀虫速度快，是理想的生物农药，对人、畜无害。苏云金杆菌的侵染方式是内毒素通过作用，使昆虫致死，还可由消化道入侵昆虫体腔中，通过大量繁殖而引起昆虫败血致死，对环境安全。

(3)壮耳抑虫 所谓壮耳抑虫就是从各方面创造条件育壮银耳菌体，以强制胜，抑制病虫害。它包括两方面，一方面在生产过程中从原料选择，培养料配比，堆制发酵，要求不含病虫，不霉变；袋料高压高温灭菌要彻底，接种严格执行无菌操作，使培养料质量提高，病虫害减少，自身产生健康菇体；另一方面是选择有特异性气味的菇类进行交叉轮种。如竹荪(古代称萱草)，有一股特别浓香气味，蕈蚊飞虫闻味即飞，不敢接近。可在较大耳棚旁栽培几平方米竹荪，让其子实体散出气味，驱逐蚊虫；也可作为轮换品种，使耳棚内有自然防治虫害的基础条件。

3. 物理防治

利用各种物理因素，人工或器械杀灭虫害、杂菌的方法均系此范围。具体如下。

(1)特殊光线杀灭 采用紫外线灯杀菌。接种室、超净工作台、缓冲室内安装 30 瓦紫外线灯，每次照射 25～30 分钟，可有效地杀灭细菌、霉菌、病菌。采用黑光灯波长 $3.3 \sim 4 \times 10^{-7}$ 米，具有较强诱杀力。许多昆虫具有趋光性，在耳房(棚)内安装黑光灯，可诱杀蝼蛄、叶蝉、菇蚊、菇蝇、菇蛾。

(2)臭氧气体杀菌 臭氧具有高效广谱消毒灭菌作用。它通过高压放电，把空气中的氧气转变成臭氧，再由风扇把臭氧吹散到空间消毒杀菌；或由气泵把臭氧注入混合水中成灭菌水剂，喷洒消毒灭菌，这是新一代消毒灭菌设备。

(3)隔离保护 银耳栽培房的门窗安装尼龙窗纱网来防止窗外蛾、蚊、蝇及其他昆虫飞入为害。野外塑料大棚架层栽培银耳，可用30目尼龙遮阳网遮盖，既可防虫，又可遮荫。

(4)人工捕杀 野外菇棚常出现蛴螬、蛞蝓、星瓢虫等入侵为害，可直接捕捉。长耳期鼠害可采用捕鼠夹捕捉。

4. 控药防治

银耳生产中采用农药防治，也是不可避免的事实。但是滥用或使用技术不规范，必然带来负面的效果。尤其是银耳生产周期短，出耳期使用农药喷洒在子实体上，一部分被分解，一部分仍然残留在耳片上，人吃了就会引起中毒事件。因此，要认真执行《农药限制使用管理规定》，在使用农药时，必须慎之又慎，马虎不得。实施无公害生产控药防治强调做到以下5点。

(1)用药原则 利用农药治虫是一种应急措施。在确实需要用药时，首先应选用生物农药或生化制剂农药。如8010、白僵菌、天霸等；其次选用特异性昆虫生长调节剂农药，如农梦特、氟啶脲、氟虫脲、除虫脲、灭幼脲等；再则选用高效、广谱、低毒、残留期短的药剂，如敌百虫、辛硫磷、福美双、百菌清、炔螨特、氟虫腈、甲基硫菌灵、甲霜灵等。用药时期，强调在未出耳或每批耳采收结束后进行；并注意少量、局部施用，防止扩大污染。特别强调：严禁在长耳期间喷洒药剂。

(2)农药要求 所有使用的农药，都必须是经过农业部农药鉴定所已登记的品种。严禁使用未取得登记和没有生产许可证的农药，以及无厂名、无药名、无说明书的伪劣农药。

(3)禁控农药 严格执行农业部2002年5月24日第

199号公告明令禁止使用的18种农药：六六六、滴滴涕、毒杀芬、二溴氯丙烷、杀虫脒、二溴乙烷、除草醚、艾氏剂、狄氏剂、汞制剂、砷类、铅类、敌枯双、氟乙酰胺、甘氟、毒鼠强、氟乙酸钠、毒鼠硅。以及在蔬菜、果、茶叶、中药材上不得使用和限制使用的19种农药：甲基对硫磷、久效磷、甲拌磷、磷胺、甲基异柳磷、特丁硫磷、甲基硫环磷、治螟磷、内吸磷、克百威、涕灭威、灭线磷、硫环磷、蝇毒磷、地虫硫磷、氯唑磷、苯线磷高毒农药，以及一切汞制剂农药和其他高毒、高残留等农药。

(4)用药方法 任何农药都不得超出批准规定的使用范围。因此，首先要熟悉病虫种类，了解农药性质，按照说明书规定掌握好使用范围、防治对象、用量、用药次数等事项，不得盲目提高使用浓度。做到用药准确、适量、正确复配，交替轮换用药，防止单一长期使用一种农药，使病虫产生抗性；同时要选用相应的喷药器械。

(5)注意安全 配药时工作人员要戴好胶皮手套，禁用手拌药；配药时选远离水源、居民点的安全地方；要专人看管，防止丢失或人、畜、禽误食中毒。喷药时要注意个人防护，戴好防毒口罩；施药期间不得饮酒，禁止吸烟、喝水、吃东西，不得用手擦嘴、脸、眼睛。

（二）常见杂菌与防治措施

1. 木霉特征与防治

木霉（*Trichoderma SPP*）又名绿霉，危害银耳主要是绿色木霉（*T. uiride*）、康氏木霉（*T. koningii*）、粉绿木霉（*T. glaucum*）和多孢木霉（*T. polysporum*）、长梗木霉

(*T. longibrachiatum*)，是竞争性杂菌之一。

(1)形态特征 木霉菌丝生长浓密，初期呈白色斑块，逐步会产生浅绿色孢子。菌落中央为深绿色，向外逐渐变浅，边缘呈白色；后期变为深黄绿色、深绿色，会使培养基全部变成墨绿色。菌丝有隔膜，向上伸出直立的分生孢子梗，孢子梗再分成两个相对的侧枝，最后形成梗。小梗顶端有成簇的分生孢子。木霉形态及污染菌袋表现，见图 7-1。

1　　2

图 7-1 木　霉

1. 绿色木霉形态　2. 污染菌袋表现

(2)发生与危害 木霉菌为竞争性杂菌，又是寄生性的病原菌。它既能寄生于银耳的菌丝和子实体，又有分解纤维素和木质素的能力。木霉菌丝接触寄主菌丝后，能把寄主的菌丝缠绕、切断；还会分泌毒素，使培养基变黄消解。木霉菌适宜在 15℃～30℃温度和偏酸性的环境中生长。常发生在银耳菌种和栽培袋的培养基内，也侵染在子实体上。它与银耳争夺养分和生存空间。受其侵染后，养分破坏，严重的使培养基全部变成墨绿色，发臭变软，导致整批菌袋腐烂；子实体受其侵染后发生霉烂，给栽培者造成严重损失。

(3) 防治方法 注意清除培养室内外病菌孳生源，净化环境，杜绝污染源；培养基灭菌必须彻底，接种时严格执行无菌操作；菌袋堆叠要防止高温，定期翻堆检查；出耳阶段防止喷水过量，注意耳房通风换气。如在菌种培养基上发现绿色木霉时，这批菌种应立即淘汰。如在菌袋料面发现绿霉菌，可用5%石炭酸混合液，或用75%百菌清可湿性粉剂1000～1500倍液等药剂注射于受害部位；污染面较大的采取套袋，重新进行灭菌、接种。幼耳阶段发现被害，可用75%福美双可湿性粉剂1000～1500倍溶液局部喷洒受害处。成耳期发现被害时，提前采收，避免扩大污染。

2. 链孢霉特征与防治

链孢霉有2个种：*Neurospora sitohilat* 和 *N. crassa*，异名：脉孢霉、串珠霉，俗称红色面包霉，属于竞争性杂菌之一。

(1) 形态特征 链孢霉是最为常见的一种杂菌，其菌落初为白色、粉粒状，后为绒毛状；菌丝透明，有分枝、分隔向四周蔓延；气生菌丝不规则地向料中生长，呈双叉分枝。分生孢子成链状、球形或近球形，光滑。分生孢子初为淡黄色，后为澄红色。其形态，见图7-2。

(2) 发生与危害 链孢霉是土壤微生物，适宜高温、高湿季节繁殖，25℃～30℃时其孢子6小时即可萌发，生长迅速，2～3天完成1代，广泛分布于自然界，夏天易受其污染，不到3天气生菌丝向外伸出袋面破口处，向下长到料底。菌丝细而色淡，氧气不足，就只长菌丝暂不长孢子；稍有一些空气，气生菌丝就会长出一些粉红色分生孢子。菌种瓶口棉塞灭菌时受潮吸湿，栽培袋破孔的就更易污染，还能从棉塞长出成串的孢子穗，形同棉絮状蓬松霉层。孢子随风传播蔓延扩散极快。

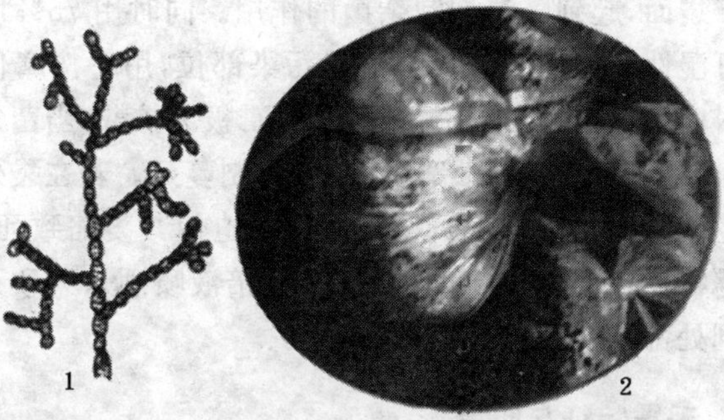

图 7-2　链 孢 霉

1. 链孢霉形态　2. 污染菌袋表现

初秋银耳接种后的菌袋，最常见的杂菌污染就是链孢霉。其分生孢子耐高温、高湿，干热达130℃尚可潜伏。分生孢子为粉末状，数量大、个体小，随气流飘浮在空气中四处扩散；也可随人体、衣物、工具等带入接种箱（室）、培养场所，传播力极强。不少栽培者因菌袋受污染，出现"满堂红"，危害严重，给生产造成极大损失。

(3) 防治办法　严格控制污染源。链孢霉多从原料中的棉籽壳、麦麸、米糠带入，因此选择原料时要求新鲜、无霉变，并经烈日暴晒杀菌。塑料袋要认真检查，剔除有破裂或微细砂眼的劣质袋；清除生产场所四周的废弃霉烂物；培养基灭菌要彻底，未达标不轻易卸袋；接种可用纱布蘸酒精擦袋面消毒，严格无菌操作；菌袋排叠发菌室要干燥，防潮湿、防高温、防鼠咬；出菇期喷水防过量，注意通风，更新空气。

一旦在菌种瓶棉塞或料面上发现链孢霉时，立即将其淘汰；在栽培袋料面发现时，速将菌袋排稀，疏袋散热，并用石灰粉撒于袋面，起到降温抑制杂菌的作用。同时用75%甲基硫菌灵可湿性粉剂500倍液注射入污染部位，用手按摩使药液渗透料内，然后用胶布封针眼。链孢霉极易扩散，当菌袋受其污染时，最好采用塑料袋裹住，套袋控制蔓延。若在袋外已发现分生孢子时，可用柴油或煤油涂擦，迫使其萎缩致死；或用70%噁霉灵可湿性粉剂1500～2000倍液喷洒杀灭致死。切不可到处乱扔，以免污染空间。

3. 毛霉特征与防治

毛霉(*Mucor*)又名长毛菌、黑面包霉。危害银耳的主要为总状毛霉(*M. ucorracemosus Fres*)、大毛霉(*M. mucedol. Fres*)和刺状毛霉(*M. spinosus. Fres*)，属真菌门，毛霉目。

(1)形态特征 菌丝白色透明，分枝，无横隔，分为潜生的营养菌丝和气生的匍匐菌丝。孢子梗从匍匐菌丝上生出，不成束，单生，无假根。孢子囊顶生，球形，初期无色，后为灰褐色。孢囊孢子椭圆形，壁薄。结合孢子从菌丝生出。PDA培养基上气生菌丝极为发达，早期白色，后期灰色，与根霉相比其黑色小颗粒明显较少，其形态见图7-3。

(2)发生与危害 毛霉常发生在菌种和栽培袋的培养基上，适应性极强，生长迅速。蔓延极快，随着菌丝生长量增加，形成交织稠密的菌丝垫。原因多为周围环境不卫生，培养室、栽培场通风不良，湿度过大；菌瓶棉塞受潮或菌袋内培养基偏酸或含水量过高。这种霉菌发生在培养基上与银耳菌丝争夺养分，破坏菌丝正常生长，直至菌袋变黑报废。

(3)防治方法 注意净化环境条件，培养基灭菌彻底，严格接种规范操作，加强房棚消毒，注意室内通风换气，降低空

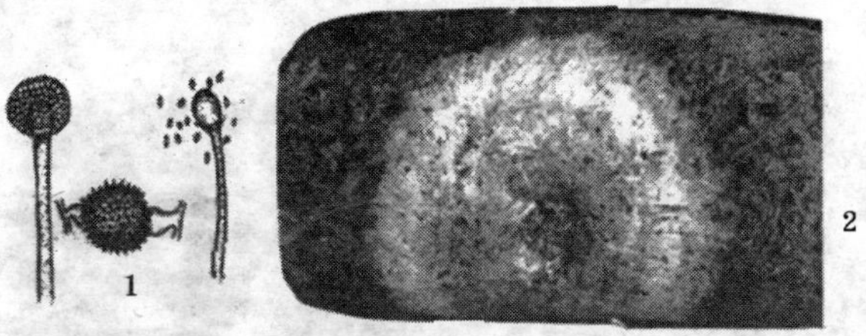

图 7-3 毛 霉

1. 毛霉形态 2. 污染菌袋表现

气相对湿度，以控制其发生。一旦在菌袋培养基内发现污染时，可用 70%～75%酒精或用 pH 值 9～10 的石灰上清液注射患处。

4. 曲霉特征与防治

曲霉(*Aspergillus SPP*)，品种较多，危害银耳的主要是黑曲霉(*A. niger*)、黄曲霉(*A. flavus*)、土曲霉(*A. terreus*)和灰绿曲霉(*A. glaucus*)。

(1)形态特征 曲霉的菌丝比毛霉菌粗短，初期为白色，以后会出现黑、黄、棕、红等颜色。其菌丝有隔膜，为多细胞霉菌，部分气生菌丝可生成孢子梗。分生孢子顶端膨大为顶囊。顶囊一般呈球状，表面以辐射状长出一层或两层小梗，在小梗上生着一串串分生孢子。以上这几部分合在一起称为孢子穗。分生孢子基部有一足细胞，通过它与营养菌丝相连，其形态见图 7-4。

(2)发生与危害 曲霉广泛分布于土壤、空气、各种有机物及农作物秸秆之中。在 25℃以上，湿度偏大，空气不新鲜的环境下容易发生。曲霉在银耳菌袋接种培养上，常发生侵

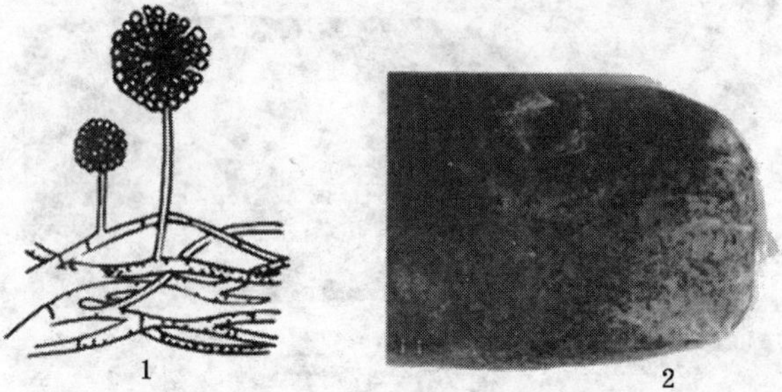

1　　2

图 7-4　曲　霉

1. 曲霉形态　2. 污染菌袋表现

染培养料表面，与其争夺养料和水分，分泌含有机酸的霉菌素，影响银耳菌丝的生长发育；并发出一股刺鼻的臭气，致使银耳菌丝死亡；同时，也危害子实体，造成烂耳。

(3) 防治措施　参考木霉、链孢霉防治办法外，在银耳揭开胶布扩口增氧阶段，可采取加强通风，增加光照，控制温度，创造不利于曲霉菌生长的环境。一旦发生污染，首先应隔离污染袋，加强通风，降低空气相对湿度。污染严重时，可喷洒 pH 值 9～10 的石灰上清液，或注射 1∶500 倍的甲基硫菌灵溶液。幼耳发生时可用 50%腐霉利可湿性粉剂 1000 倍液喷洒杀灭。成耳期发生污染，可提前采收。

5. 青霉特征与防治

青霉(*Penicillium frequentans* west)，常见的有产黄青霉(*P. chrysogenum* Thom)、圆弧青霉(*P. cyclopium* Westl)、苍白青霉(*P. Pallidum* smith)、淡紫青霉(*P. lilacinum* Thon)和疣孢青霉(*P. ueruculosum* Peyron)。

(1)形态特征 青霉在自然界中分布极广，菌丝前期多为白色，后期转为绿色、蓝色、灰绿色等。青霉的菌丝也与曲霉相似，但没有足细胞。孢子穗的结构与曲霉不同，其分生孢子梗的顶端不膨大，无顶囊，而是经过多次分枝产生几轮对称或不对称的小梗，然后在小梗顶端产生成串的分生孢子，呈蓝绿色，其形态见图 7-5。

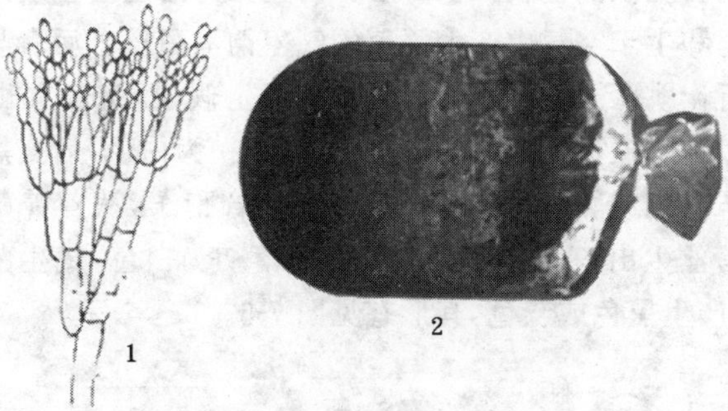

1　　　　2

图 7-5　青　霉

1. 青霉形态　2. 污染菌袋表现

(2)发生与危害 青霉一般侵染培养料表面，出现形状不规则、大小不等的青绿色菌斑，并不断蔓延。该病菌适宜温度20℃～25℃，在弱酸性环境中迅速繁殖，与银耳菌丝争夺养分，并产生毒素隔绝空气，破坏银耳菌丝生长，影响子实体的形成。

(3)防治方法 参考木霉防治办法。特别强调发菌培养室应加强通风，出耳房(棚)要保持清洁；同时还要注意降低温、湿度，以控制其发生。若局部发生时，可用 5％～10％石灰水涂刷或在患处撒石灰粉；也可用 75％福美双可湿性粉剂

1500 倍液喷洒。

6、根霉特征与防治

根霉(*Rhizopus*)又名面包霉,危害银耳的主要为黑根霉[*R. hizopusstolonifer*(*Ehrenb*:*exFR.*)*Vuill*]。

(1)形态特征 根霉初期灰白色或黄白色,后变成黑色,到后期会变成黑色颗粒状霉层。菌丝分为潜生于基质内的营养菌丝和生于空气中产生繁殖的气生匍匐菌丝。后者与基质面平行作跳跃式蔓延,并在接种点产生假根,孢囊梗由此长出。多孢囊梗丛生,不分枝,顶部膨大,初为白色,后变黑。孢囊孢子无色或黑色。其有性阶段为结合孢子,从营养菌丝或匍匐菌丝生出,在 PDA 培养基上菌落初为白色,气生菌丝发达,后产生黑色或灰色,其形态见图 7-6。

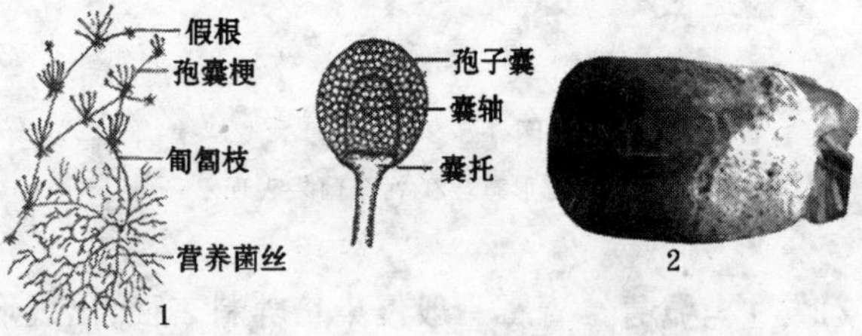

图 7-6 根 霉

1. 根霉形态 2. 污染菌袋表现

(2)发生与危害 根霉发生的主要原因,常由于培养室、栽培房通风不良,湿度过大,培养基含水量过多。在 pH 值 4～6.5 的范围生长较快。主要破坏培养基内养分,受害处表面形成许多圆球状小颗粒体,出现霉层,致使银耳菌丝无法生长。

(3) 防治方法 首先把好基质关，配料时掌握好含水量，灭菌保证达标，装袋、搬袋过程严防破袋；接种严格执行无菌操作，发菌培养期加强室内通风换气，并降低空气相对湿度。一旦在培养基内发现污染时，应把室内温度控制在 20℃～22℃，再用 70%～75%酒精注射患处，或用 pH 值 8.5 的石灰清水涂刷患处，或用 25%甲霜灵可湿性粉剂 1000 倍液喷洒，防止扩散。

7. 地霉特征与防治

地霉是古田县 1995 年发现的一种银耳新病原菌。经福建农业大学植保系王宗华教授等专家鉴定，属于地霉菌。

(1) 形态特征 地霉菌丝有横隔，丛集。分生孢子梗短而直或斜向上升，有隔，顶端成串地产生分生孢子。分生孢子短圆筒状，无色或淡色。

(2) 发生与危害 地霉发病表现在菌袋上，受害菌袋呈褐红色，看不到银耳菌丝和香灰菌丝分泌色素，多数菌袋接种口表现红色霉变，不见正常出耳。有的部分虽可见银耳子实体，但干枯细小，危害严重的整个耳房有霉味。但发病初期在接种后的前几天，因病菌与香灰菌丝生长速度相同，一般不易分辨。经 5～7 天发菌培养后，病菌表现呈不规则形状，不像香灰菌丝那样有规则，一般不传染附近的菌袋。其病原常发现有黄曲霉、毛霉和地霉并存交叉污染。

(3) 防治方法 把好制种关，严防菌种污染；栽培发菌期间注意防止高温危害；菌袋一旦发现上述病态，应及时采取套袋措施，然后重新进行灭菌处理，以便再利用。

8. 酵母菌特征与防治

酵母菌是单细胞的直核微生物，在工业、农业、食品加工等领域中广泛被利用。但银耳生产中却是有害的，常见酵母菌有酵母属(*Saccbaromyces*)和红酵母属(*pHodotorula*)。

(1)形态特征　酵母菌为单细胞，卵圆形、柠檬形，有些酵母菌与其子细胞连在一起形成链状假菌丝。酵母菌的菌落有光泽，边缘整齐、较细菌大、厚，颜色有红、黄、乳白等不同类别。

(2)发生与危害　酵母菌广泛分布于自然界，以无性繁殖为主，其母细胞以出芽形式长成一个细胞，即所谓芽殖。在空气、含糖类的基质以及果园土壤中均可生存，并能不断繁殖。培养基配制时，常因含水量偏高，拌料装袋时间拖延，基质偏酸，酵母菌极易侵袭；加之，料袋灭菌不彻底，培养室适温，因此十分有利于其繁殖。受害后培养料变质，呈湿腐状，散发出酒糟气味；菌种接入料中菌丝不萌发、不定植，造成栽培袋酸败。子实体被害后耳片耳根变红，出现红银耳病状，最后腐烂。

(3)防治办法　首先把好原料关，特别是棉籽壳和麦麸要求无霉变。使用前将棉籽壳暴晒 24 小时，配制时拌料、装袋时间不超过 4 小时，因培养料加水及糖等有机物后，时间拖延极易引起变酸；料袋灭菌要求达 100℃，保持 16～18 小时，使潜存的酵母菌杀灭致死。一旦发现经测定确认是酵母菌危害时，只能将菌袋剖开，把培养料取出摊铺于水泥地上，并按料量加入 3%生石灰拌匀，整成堆闷 24 小时后，再摊开让烈日暴晒至干，配合新料再利用。

(三)常见虫害与防治措施

1. 菌蚊特征与防治

菌蚊,包括菌蚊科、眼蕈蚊科、瘿蚊科、蛾纳科、粪蚊科等多个品种,属于双翅目害虫。

(1)形态特征 菌蚊品种不同,形态亦有差别。尤其是黄足蕈蚊(pHoro-domtaflaui pes.)又名菌蛆。成虫体型小,如米粒大,繁殖力强,1 年发生数代,产卵后 3 天便可孵化成幼虫。幼虫似蝇蛆,比成虫长,全身白色或米黄色,仅头部黑色。

菌蚊形态及其世代繁殖,见图 7-7。

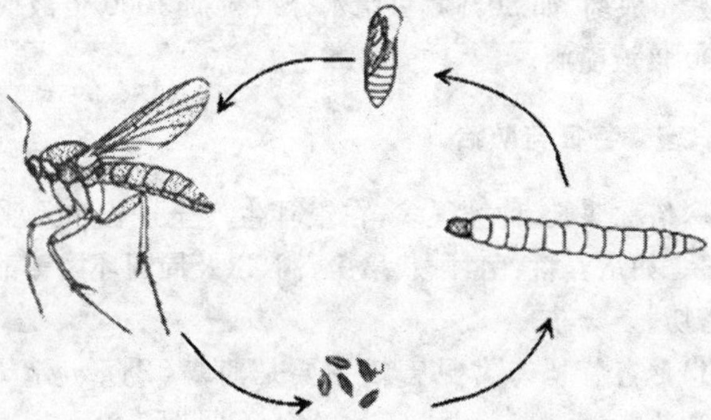

图 7-7 菌蚊及其世代繁殖图示

(2)发生与为害 从菌蚊的栖息环境看,有的潜存在耳房内,有的潜存在产品仓库中。发生的原因多为周围环境杂草丛生,垃圾、菌渣乱堆,给害虫提供寄生繁衍条件;加之,耳房防虫设施不全，害虫飞入无阻，给害虫生存繁殖提供了再生的场所。菌蚊绝大部分是咬食子实体。而幼虫多潜入较湿的培养基内啃食银耳菌丝，并咬蚀原基，严重发生时菌丝全部被吃光或子实体被咬蚀至干缩死亡。

(3)防治方法 注意耳房及周围的环境卫生，并撒石灰粉消毒处理，杜绝虫源；门窗和通气孔要安装60目纱网，阻止成虫飞入；网上定期喷植物制剂的除虫菊液，或5%氟啶脲乳油2000倍液，阻隔和杀灭飞入的菌蚊。房(棚)内安装黑光灯诱杀，或在耳房灯光下放半脸盆0.1%敌敌畏乳油，也可以用除虫菊熬成浓液涂黏于木板上，挂在灯光附近，黏杀入侵菌蚊。发现被害子实体，应及时采摘，并清除残留物，涂刷石灰水。菌蚊发生时尽量不用农药，在迫不得已的情况下，可使用低毒、低残留农药，如80%氟虫腈水分散粒剂3000倍液或农梦特2000倍液喷洒。

2. 害螨特征与防治

螨，俗称菌虱，种类很多，在银耳生产全过程中几乎都与螨有关。如培养料、菌种、栽培房、棚，以及周围环境等都与螨关系密切。

(1)形态特征 常见害螨主要是蒲螨(*Pygme pHoroidaea*)和粉螨(*Acaridmite flour* Mite)，见图7-8。

(2)发生与为害 螨类主要来源于仓库、饲料间或鸡棚里的粗糠、棉籽壳、麦麸、米糠等，通过培养料、菌种和蝇类带入耳房。蒲螨和粉螨繁殖均很快，在22℃下15天就可繁殖1代。螨类以吃银耳菌丝为主，被害的菌丝不能萌发，使子实体久不出现，直至最后菌丝被吃光或死亡。菌袋受螨害后，接种口的菌丝首先被吃食而变得稀疏或退化，影响出耳或造成烂耳。

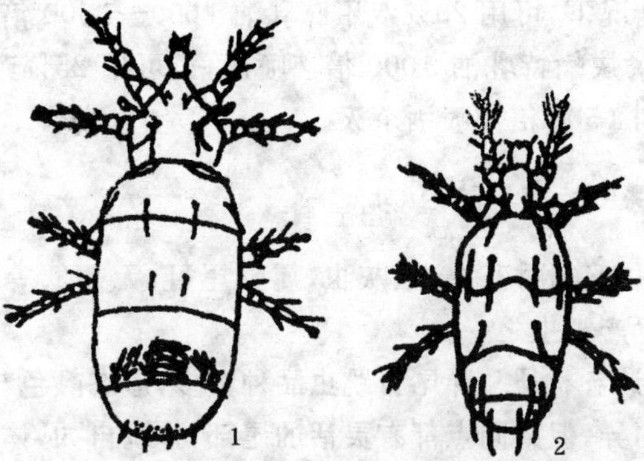

图 7-8　害　螨

1. 蒲螨背面　2. 粉螨腹面

(3)防治方法　害螨体积小，又钻进培养基内，药效过后，又会爬出来，不易彻底消灭。因此，只能以防为主，保持栽培场所周围清洁卫生，远离鸡、猪、仓库、饲料棚等地方。发菌室或栽培房事先采用 73％炔螨特乳油 3000 倍液喷洒，杀灭潜藏螨源。在栽培环节中，原料必须选择新鲜无霉变，用前经过暴晒处理。在接种穴胶布拱起通风之前，为了防止螨类从开口处侵入，耳房可提前 1 天用 73％炔螨特乳油 3000 倍液喷洒室内，然后把室温调节至 20℃，关闭门窗，杀死螨类。尔后再通风换气，排除农药的残余气味，启开胶布。这样，既有效地防治螨类为害，又不伤害银耳的菌丝。子实体生长前期发现螨虫，可用新鲜烟叶平铺在有螨虫的菌袋旁，待烟叶上聚集螨时，取出用火烧死；也可用鲜猪骨间距 10～20 厘米排放螨害处，待诱集时取出用沸水烫死；还可以用茶籽饼研成粉，微火炒至油香时出锅撒在纱布上，诱螨后取出用沸水烫死。在不得已情况下，可用20%双甲脒乳油1000～1500倍液喷洒，或用73%炔螨特乳油3000倍液喷洒，也可用25%噻嗪酮可湿性粉剂1500倍液喷洒杀灭。

3. 跳虫特征与防治

跳虫，又名香灰虫，烟灰虫，属弹尾目，无翅低等小昆虫，是银耳生产害虫之一。

(1)形态特征 弹尾目跳虫品种繁多，形态颜色与个体大小因种而异，但共同点都有灵活的尾部，弹跳自如，体面油质，不怕水。常见的跳虫形态，见图7-9。

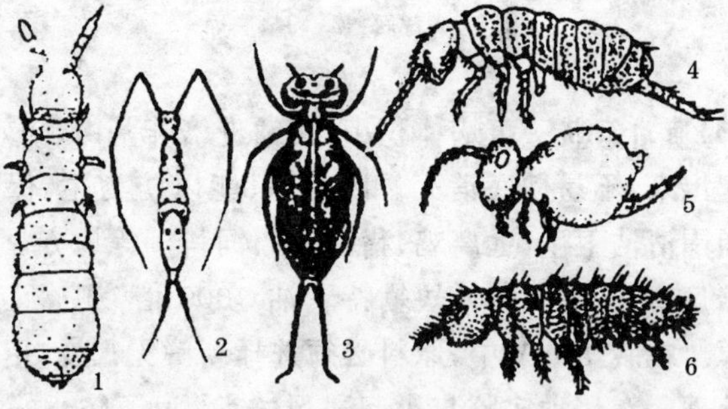

图7-9 跳 虫

1. 乳白色棘跳虫 2. 木耳盐长角跳虫 3. 斑足齿跳虫
4. 等节跳虫 5. 圆跳虫 6. 紫跳虫

(2)发生及为害 跳虫多发生于潮湿的老耳棚，阴暗处，高湿及25℃条件适宜时，1年可繁殖6～7代。常群集在野外耳棚内咬食银耳子实体，严重时菌袋表面呈烟灰状。

(3)防治方法 及时排除耳棚四周水沟的积水，并撒石灰粉消毒,改善卫生条件。跳虫不耐高温,培养料灭菌彻底,是消灭虫源的主要措施。出耳前菌袋可喷洒 1∶150～200 的除虫菊,也可喷 90%敌百虫可溶性粉剂 800～1000 倍液,或用农地乐1000～1500 倍液喷洒。喷药应从棚内四周向中间喷洒,防止跳虫逃跑。还可以用敌百虫、乐果或 0.1%鱼藤精药剂拌蜂蜜进行诱杀。

4. 线虫特征与防治

线虫(*Nematodes*)为蠕形小动物,属于无脊椎动物的线形动物门,线虫纲。线虫大小与银耳菌丝粗细差不多。

(1)形态特征 线虫形态,见图 7-10。

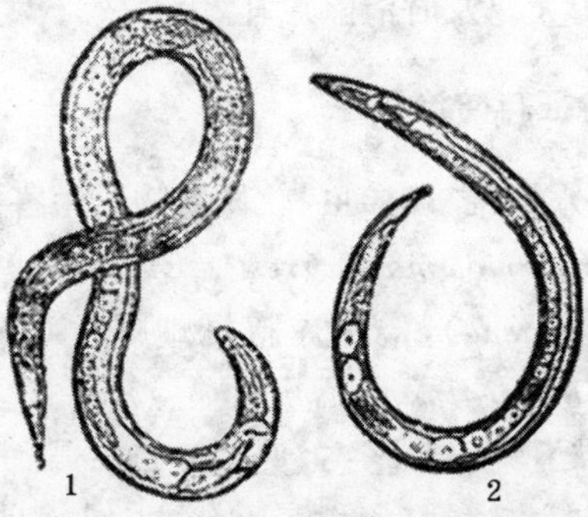

图 7-10 线 虫

1. 雄虫 2. 雌虫

(2)发生与为害 线虫对银耳菌丝香味有很强的趋向性,受其为害后的菌丝坏死,进而导致细菌及微生物感染而腐烂。线虫在培养料上移动速度慢,靠其本身不易远距离迁移。多是由培养料或旧培养架带虫感染,也可由眼蕈蚊等双翅目害虫或螨类携带而转移。线虫在不良环境中可进入休眠，长期存活，常在梅雨、闷湿、不通风的情况下大量发生。线虫常以针口刺入菌丝内，吸食菌丝的细胞液，造成菌丝衰退，不出耳。线虫也会蛀食银耳子实体并带进细菌，造成烂耳。

(3) 防治方法 栽培前先对耳房和培养架及一切用具进行彻底消毒，不给线虫有存活的条件；培养基灭菌要彻底，水源应进行检测，对不清洁的水可加入适量明矾沉淀净化；栽培时喷水不宜过湿，经常通风并及时检查。发生线虫时，将病区菌袋隔离；同时停止喷水，可用0.5%石灰水，或1%食盐水喷洒几次；或用3%氯唑磷颗粒剂按7.5克/平方米喷洒。长耳期可用1%冰醋酸、或25%米醋、或0.1%碘化钾溶液洒滴病斑，控制蔓延扩大。及时清除烂耳、废料。

5. 蛞蝓特征与防治

蛞蝓又名水蜒蚰、鼻涕虫，软体动物。为害银耳生产的主要有：野蛞蝓（*Agriolimax agrestis Linnaeus*）、黄蛞蝓（*Limax flauus Limaeus*），俗称赤膊蜒蚰螺。双线嗜黏液蛞蝓（*pHilomycus bilineatus Benson*）。

(1) 形态特征 蛞蝓形态，见图7-11。

(2) 发生与为害 蛞蝓白天潜伏，夜间、雨后及阴天成群活动取食。1年繁殖1次。卵产于菌袋接种穴内，每堆10～20粒。常生活在阴暗潮湿的草丛、落叶或土石块下。适宜温度为15℃～25℃，高过26℃或低于14℃，活动能力下降。产卵适温比活动适温低，地温稳定在9℃左右即可大量产卵，超过25℃不能产卵。土壤湿度75%左右，适于产卵及孵化。为害方式：蛞蝓爬行所到之处会留下一道道白色发亮的黏质带痕及其排泄出的粪便。耳片咬成缺刻，伤害组织，咬后耳芽不

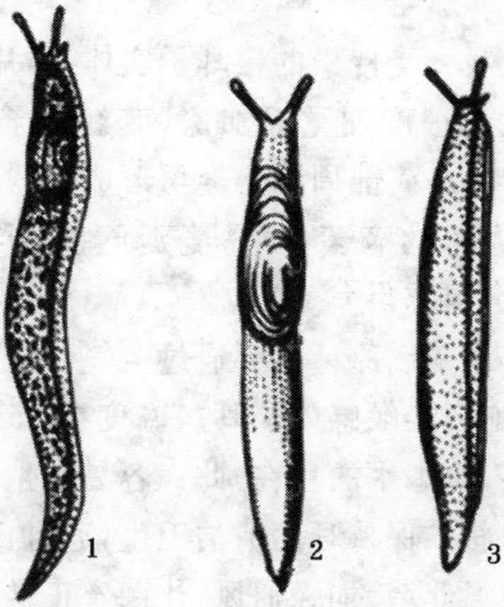

图 7-11 蛞 蝓

1. 野蛞蝓 2. 黄蛞蝓 3. 双线嗜黏液蛞蝓

能开片。有时伤害处也诱发感染霉菌和细菌。

(3)防治方法 搞好场地周围的卫生，清除杂草、枯枝落叶及石块，并撒一层石灰粉。或用茶籽饼 1 千克，清水 10 升浸泡过滤后，再加清水 100 升溶液进行喷洒。夜间 10 时左右进行人工捕捉。发现为害后，每隔 1～2 天用 5%来苏尔溶液喷洒蛞蝓活动场所。

（四）侵染性病害与防治措施

1. 红耳病特征与防治

红耳病，又称红银耳病，其病因为粉红单端孢霉（*Trichothecium roseum* Link. exfr.）和深红酵母（*Rhodotorula rubra*

Lodder)。

(1)危害症状 受侵染的银耳子实体,耳片及耳根变成红色,其颜色随发病程度加重而加深,变红的子实体不能再长大,最后消解腐烂。病部周围不会再形成新的原基,腐烂焦化后的汁液带有大量的病菌,容易蔓延危害,严重破坏银耳生产。

(2)发病原因 病原菌主要通过空气、风、雨雾进行传播,还可利用人和工具接触感染。耳房温度在25℃～30℃,通风不良,喷水过多,液态水的存在,此病容易发生。

(3)防治方法 保持耳房清洁卫生,通风良好,防止高温、高湿;接种后适温养菌,加强通风,让菌丝正常发透;出耳阶段喷水掌握轻、勤、细的原则,每次喷水后要及时通风。施用浓度300毫克/千克的2～4-氧代赖氨酸,可阻止深红酵母菌侵染银耳子实体。幼耳阶段受害时,可用20%三唑酮乳油1500倍液喷洒1次,成耳发病要及时摘除,挖掉周围被污染部位,并喷洒90%新植霉素可溶性粉剂4000倍液,或用5%异菌脲可湿性粉剂1000倍液喷洒。

2. 白粉病特征与防治

银耳白粉病的病原菌为顶孢头孢霉(*CepHalos Porium* SP.),属半知菌亚门真菌。

(1)危害症状 白粉病是由于银耳子实体上或耳基周围发生白色粉菌所致。被寄生、感染的部分,表面密生一层粉状,故称白粉病。银耳患此病后,耳片停止生长,形成不透明的僵耳。病耳采收后,新长出的耳片仍然会出现白粉样的杂菌,严重地影响银耳的产量和品质。

(2)发病原因 常因耳房通风差、高湿、闷热,最容易引起该病的大量发生。特别是在冬季栽培，在通风不良的情况下实施室内加温，容易造成缺氧和一氧化碳中毒，使银耳的抵抗力减弱，容易受感染而发病。

(3)防治方法 加强栽培房(棚)通风，降低空气相对湿度；搞好环境卫生，减少发病率。病发后，幼耳可喷洒石灰硫磺合剂，控制蔓延。提前采收成耳，并用利刀连根刮去。为了防止耳基残留病菌，应涂4%石炭酸溶液，或用75%百菌清可湿性粉剂1000倍液喷雾1次，也可用50%甲霜灵可湿性粉剂1000倍液喷雾1次杀灭，或在傍晚日落之后用15%腐霉利烟剂进行烟熏。

3. 刚毛病特征与防治

刚毛病的病原菌为长喙壳(*Ceratocystis epigloeum*)的真菌，子囊壳刚毛状，散生或群生，基部生于耳片的表层，褐色至黑色球形。

(1)危害症状 常发生在培养基的表面，呈淡褐色粉状物，受侵染后银耳菌丝停止生长，原基的形成受到抑制。出耳后被害，幼耳发黄、萎缩；大耳片受害后，色泽差，泡松率低，品质下降。

(2)发病原因 银耳刚毛病的污染源主要来自培养料，尤其是甘蔗渣等作物稿秆原料，带有此菌更多。高温、高湿、通风不良的环境下发病较重；水质不净也可带进，或周围环境不卫生，随风传播入房(棚)内。

(3)防治方法 菌丝培养期防止高温危害，开口增氧后防止喷水过湿，注意耳房通风换气。门窗安装纱网，缓冲风流传播。幼耳期发生时，可喷洒pH值9～10的石灰上清液，或75%百菌清可湿性粉剂1500倍液杀灭。

4. 僵缩病特征与防治

银耳僵缩病，其病原菌已知是茄腐镰孢霉（F. solani）属半知真菌类。

(1) 危害症状 耳基形成后，僵缩不长，颜色变成淡褐色或暗褐色，小耳片皱缩不伸展，变得矮小僵结萎黄。有的耳基部分受侵染，呈僵缩症状；未受侵染的耳片仍继续长大开片。不论是整个耳基发病或部分耳基发病，在潮湿条件下，发病的子实体表面长一层灰白色霉状物，为病菌的部分孢子梗及分生孢子。

(2) 发生与危害 病菌平时广泛分布在各种有机物上，空气中飘浮有分生孢子，在高温、高湿条件下，对生活力较弱或菌种中的香灰菌比例不当情况下病原菌发作。发生在袋栽子实体上，以未开片的耳基上发生较重，春季接种栽培的发生较多。染病后的耳片僵缩萎黄，并转变为腐烂状，不再生耳基，产量损失较大。

(3) 防治方法 原料暴晒，培养基配制时含水量不宜过湿，料袋灭菌要彻底；接种选择午夜进行，严格执行无菌操作；穴口揭布前可用50%敌敌畏乳油1000倍液喷洒杀菌；割膜扩穴后控制适温，空气相对湿度80%。幼耳阶段发现时，可喷洒pH值8的石灰上清液，或用20%三唑酮乳油1500倍液喷雾杀灭。成耳期发生此病，应提前采收，并用5%石灰水浸泡，经清水洗后烘干。

5. 烂耳病特征与防治

(1) 危害症状 幼耳烂根，表现幼耳结实不展片，稍动耳基就脱落，耳基无菌丝或很少。培养基木屑发黑潮湿，部分有白色针状肉质竖立。成耳霉烂变绿黑色或褐色，呈黏糊状。

(2)发病原因 多数由于菌种带有螨害传播造成，或因水质不净，带有杂菌、细菌，子实体喷水后，引起耳片污染。烂耳根和烂耳片也常因培养料 pH 值不正常，或因栽培过程中温度偏高或偏低，空气相对湿度过大，绿色木霉侵染耳片。有的因耳房屋顶中间下陷，喷水后水分蒸发流淌在顶层培养架的子实体上，引起烂耳。

(3)防治方法 在配制培养基时，拌料、装袋、上锅灭菌要环环紧扣，以防酸变使 pH 值减小。料袋灭菌后，要排稀散热，使之尽快冷却。在栽培过程中，温度控制在 23℃～25℃为宜。耳房屋顶要求半圆形或人字形状，屋顶的一架银耳应保持报纸盖面，防止受水滴霉烂。房、棚内保持空气新鲜，及时通风换气，在原基分化子实体阶段，空气相对湿度应控制在 85%～90%，防止黄水过多引起烂耳。长耳期喷水要防止过湿，发现幼耳烂根时，及时摘除、挖掉烂基，用 pH 值 10 的石灰水涂擦患处，然后用 70%甲基硫菌灵可湿性粉剂 1000 倍液喷洒控制。对个别子实体出现绿色木霉引起烂耳的，立即用报纸包住，连同耳根一起拔出烧毁。受害处可用 70%福美双 1500 倍液涂抹，并用 1∶600 倍次氯酸钙(漂白粉)混悬液喷洒，控制病原菌蔓延。

6. 黑蒂病特征与防治

(1)危害症状 银耳子实体成熟采收时，常发现蒂头烂黑或黑色斑点。影响商品外观和等级。

(2)发病原因 黑蒂病常因发菌阶段培养室温度超标，菌温、堆温骤升，菌丝体难以适应，分泌出大量黑色素于穴口流出。或因穴口揭布割膜扩穴时间拖延，袋内菌丝生理成熟，严重缺乏氧气，无法新陈代谢，到扩口后虽长出子实体，但耳基逐渐变黑；或幼耳阶段侵染头孢霉（*CepHalos Porium* SP），致使基内形成黑斑点病。

(3)防治方法 发菌培养注意控温，以不超过28℃为好。气温高时应及时进行疏袋散热，夜间门窗全开，整夜通风，使堆温、袋温降低，育好母体，增强抗逆力。适时开口增氧割膜扩穴，促使菌丝体正常新陈代谢，如期由营养生长转入生殖生长，出好耳。幼耳阶段喷水宜少、宜勤，不可过量，防止耳基旁积水，同时注意通风换气，创造适宜的环境条件。对黑蒂的子实体，采收后用尖刀挖除烂黑头，切成小朵洗净，作为剪花雪耳加工处理。

八、银耳产业化经营产品加工与质量认证

（一）银耳成熟特征与采收方法

银耳的采收与加工，是保证产品质量和经济效益的重要一环。适时采收，科学加工，可以获得高质量的产品和更高的经济效益。

1. 成熟特征

银耳栽培从接种至采收全程为35～40天，这就是它的生产周期。成熟银耳的标准是：耳片全部伸展，表现疏松，停止生长，没有小耳蕊；形似牡丹花或菊花，颜色鲜白或米黄，稍有弹性。子实体直径可达10～15厘米，鲜重150～250克，子实体成熟后，会散发出大量白色担孢子。此外，也可以根据菌袋的重量来判定；完全成熟的子实体，其菌袋握在手上很轻，表明养分已被分解消耗完。

2. 采收方法

银耳栽培过去是提早采收子实体后，继续进行管理，然后在原有出耳口上，再收1次“再生耳”。其结果，第一批银耳子实体尚未完全成熟，提前采收，朵小、片薄、产量低；而“再生耳”品质差，商品价值低。现在采取一次性采收，即让子实体

充分伸展，达到完全成熟，符合上述标准时1次收割完毕。这样，不但提高了银耳产量，而且商品性好，还缩短了采收期，提高了耳房利用率。银耳采收时，应注意以下事项。

(1)选择晴天 晴天上午采收，有利于及时加工，若收获期遇雨天，可继续将其停湿保留在耳房内，延长管理时间5～7天，待天气晴朗后再采收。待收期不必喷水，但要加强通风，防止烂耳。

(2)整朵收割 采用锋利刀片，从耳基部位沿着菌袋薄膜削平，整朵割下，并刮去蒂头的杂质。收割和刮蒂时，均要小心，切勿损坏朵型。

(3)保持清洁 采收时，防止基内菌渣黏附在耳片上。采割下来的银耳放在干净的箩筐内，轻采轻放，切勿重压。

(4)采后清房 采收后及时把废袋搬离耳房，同时清理残留物，打开门窗通风3～4天，让阳光直射房内，并进行1次消毒，以便迎接新的菌袋入房培养。

(5)菌渣处理 采后的废料称为菌渣、菌糠，应收集放于干燥处，与其他原料适量混合用于栽培金针菇、竹荪和毛木耳等，或用作燃料、饲料和肥料。

(二)银耳机械脱水烘干技术

市场货架上的银耳干品，按其形态分为：整朵银耳和小朵型或片状剪花银耳。整朵银耳，其商品名称分为冰花银耳和干整银耳两种。冰花银耳是鲜耳削除耳基，经浸泡漂洗、脱水干燥工艺后，保留自然色泽，朵形疏松的商品；而干整银耳，又称普通银耳，是鲜耳去掉耳基杂物，浸洗脱水烘干后的商品。小朵形和片状散花银耳，其商品名称为雪花银耳。它是将鲜耳削除耳基，剪切成小朵形或连片散花银耳，经过清洗、脱水干燥后，保持自然色泽，耳片疏松的商品。下面分别介绍其加工方法。

1. 整朵银耳加工干燥

采用脱水烘干机进行加工，具体工艺如下。

(1)削基浸洗　将采收后的银耳，用利刀削去耳基，挖净残物。然后放入清水池浸泡 40～60 分钟，让耳片吸饱水分，并进行清洗。泡洗的目的是清除黏附在耳片的杂物，使耳片晶莹、透亮；同时，让子实体膨松、耳花舒展，加工后外观美，商品性状好。

(2)摊排上筛　将浸泡洗净的银耳，耳花朝天，一朵朵地排放于烘干筛上。现有脱水机的烘干筛，多用竹篾编织而成，筛长、宽为 100 厘米×80 厘米，筛孔 1 厘米×1 厘米。机械设备一般采用热交换器，四周砌砖而成的脱水烘干灶，其两旁的干燥房内各 12～15 层，可排放耳筛 24～30 个。排放银耳鲜品量，小型脱水干燥机 1 次可加工鲜耳 200～300 千克，排放时朵与朵之间不宜紧靠，以免烘干后互相粘连，影响朵形美观。

(3)入机干燥　采用机械脱水烘干，应掌握以下 3 点。

第一，烘干原理。机械脱水烘干的原理是利用循环热风，使放置在机内烘干筛上的新鲜银耳，被热空气所包围，最大限度地使银耳与热气流接触，促使水分集散蒸发，通过风速及时把水分带出烘房外，使银耳快速脱水干燥。

第二，控制温度。首先打开脱水机上 2 个排气窗。银耳入机后立即燃烧旺火，加大火力，使机内尽快上温；同时，开动排风扇，加速气流循环，使水蒸气随风速从排气窗向外排出。

由于浸泡后的银耳水分饱满，入机后湿度较大，通常需要 4 小时以上机内温度才达到 50℃～60℃。银耳烘干的温度是直线和恒定的，即由起烘上温开始，逐步上升至 50℃～60℃，使产品干燥。而香菇烘干是有梯度的，即预热起烘、脱水、定色干燥 3 个不同阶段，要求不同的温度。两者的烘干有区别，应注意掌握。

第三，调换层次。银耳烘干是采取轮换更替进出方式。由于机内受热程度不同，烘干筛上、中、下层银耳干燥程度也不一样。因此，当第一炉经过 5～6 小时脱水烘干后，在下层约占整个烘干容量 1/3 的烘干筛银耳已烘干。此时应开门把下层部分烘干筛取出，把中、上层烘干筛逐层顺序向下调整，随手把筛上银耳翻一面，让基部向上，加快整朵干燥。同时，把排好待烘的银耳，逐筛装入上层架内，关门继续以 50℃～60℃再烘干 2 小时后，其底层部分银耳又已干燥，即可出机。依此每 2 小时烘干一批，逐层干耳退、鲜耳进，轮换更替，把整批鲜耳烘干为止。

干品折率。银耳浸泡后的含水量超过 100%，烘干后其湿干比率为 10∶1，即 10 千克湿耳，烘成干品 1 千克。

2. 雪花银耳加工干燥

整朵鲜银耳经过清水浸泡后，捞起剪成小朵型或连片状的散花，经过脱水烘干成品，俗称为剪花雪耳，又叫小花。其色泽白中微黄，透明，商品性状美观。由于食用部分多，外观诱人，所以在市场上很受欢迎。雪花银耳加工方法与整朵加工方法不同，现介绍如下。

(1)选耳修剪 加工小花银耳，选择耳花疏松、片厚的为好。将选好的鲜耳挖去黄色硬质的耳基，用铁丝扎成一束，用工具在耳基处稍插一下，整朵银耳就裂开成5～6小朵，再用清水漂洗干净。

(2)排筛上机 将修剪洗净的小花银耳，均匀地排放于烘干筛上；加工散花银耳，则采用白色蚊帐布制成袋子，袋口装拉链条，把散花片装入袋内，摊平摆放于烘干筛上。

(3)脱水烘干 小花或散花，摊铺稀薄，脱水烘干温度在50℃～60℃，夏季1小时，冬季1.5～2小时即可干燥。干品出机方法同整朵银耳烘干一样，采取轮换更替的方法。小花的湿干比为13∶1。

3. 银耳干品贮藏及包装

银耳干品贮藏包装，应严格执行《中华人民共和国食品卫生法》有关规定。

(1)贮藏 银耳干品含丰富的蛋白质等营养物质，易于回潮。因此，烘干后应趁热量未散尽之前，用双层聚乙烯(PE)塑料薄膜袋包装，扎牢袋口。也可存放于衬有塑料袋的纸箱内。装入时所用的包装物，要干净和干燥，无破损，无害虫，无异味。无公害银耳产品必须建立专库保管，宜设于干燥的楼上。阴雨天仓库应密闭门，并经常搞好仓库的清洁卫生和灭虫工作。贮藏时间久了，要选择晴天进行翻晒。银耳干品角质脆硬，容易破碎，因此翻晒时要轻拿轻放，不宜堆叠过高，以免压碎而影响品质。银耳贮藏严禁与有毒、有害、有异味、易污染的物品混藏。搞好防鼠、防虫、防霉工作；禁止在库内吸烟和随地吐痰，严禁使用化学合成杀虫剂、防鼠剂和防霉剂，确保银耳产品贮藏期安全卫生。

(2)分拣 银耳商品出口前，必须进行分等分级挑拣。按照朵形大小、耳花疏松、色泽白黄，分为精选和统货两种。分拣时剔除烂耳、焦耳、黑蒂和异色。剪花雪耳，应剪去蒂头硬质和黄色的部分。上述均要筛去碎粉，即成正品。分拣场四周环境及场内要求清洁卫生，工作人员戴口罩。

(3)装箱　出口银耳的包装箱，纸质和包装材料必须达到GB 11680-89规定的要求。外用双卡牛皮纸制成的瓦楞式夹心纸箱。规格：中箱66厘米×44厘米×57厘米（长×宽×高），每箱装剪花雪耳8千克，装整朵银耳9千克；小箱48厘米×38厘米×38厘米，每箱装整朵银耳4千克。剪花雪耳常用白色透明聚丙烯塑料袋小包装，每袋装量1千克。袋规格为70厘米×40厘米（长×宽），薄膜厚度0.08厘米。包装箱内衬塑料袋，每箱装8包，扎好袋口防潮。箱口用透明胶纸黏封，外扣两道编织带。包装标签应符合GB 7718—1994《食品标签通用标准》的要求。出口集装箱大12.19米（40英尺），可装中箱400箱或小箱1300箱，6.1米（20英尺）的可装中箱180箱或小箱500箱。运输过程要防止雨淋、重压，确保产品质量完好。包装运输的图示标志必须符合GB 191的有关规定。

（三）银耳产品精深加工技术

银耳产品精深加工是有效提高附加值的一个路径，也是产业化经营重要内容之一。这里收集介绍现有各地银耳精深加工部分品种生产技术。

1. 银耳压缩块生产工艺

银耳体积蓬松，在流通和运输过程中，极易破碎或发生变质，使商品降级造成损失。采用干银耳压缩块加工技术，不加任何添加剂，保持原有营养成分，复水性能不变，复水后状态不变，色、形、味不变。具有体积小（可缩小4～10倍）、运输、贮存、食用方便，且无杂质，长期贮存不霉变；节省运费，无损耗，加上精美的包装，提高商品价值。因此，成为现代干制加工中一项创新技术。

银耳压缩块生产工艺流程：

原料准备→高温灭菌→喷水回潮→准确计量→压缩成型→固型干燥→包装成品

具体操作方法。

(1)原料准备 选优质的银耳干品，加工前再行认真挑选，剔除杂质以及虫蛀、变色、变质、破碎的原料，对经药物熏蒸的银耳不可使用。

(2)高温灭菌 挑选好的原料，要经高温灭菌，这是保证商品长期贮存不霉变的重要手段。

(3)喷水回潮 压缩前的原料经喷纯净水使其返潮，便于压缩时不破碎，成型好。原料的含水率不同，要灵活掌握喷洒水量。喷水要均匀，边喷水边翻动，喷水后要堆闷片刻，使其吸水回潮均匀一致。

(4)计量压缩 根据成品块重标准和原料的含水率，计算出投料量，称重时一定要准确无误，确保成品重量误差不超过标准。

然后采用专用成型设备，根据加工原料的品种和含水率的大小，确定其压强和保压时间，一般压强在2～4千克/米^2，保压时间4～6秒。往模具内投放银耳数量要均匀，以免成型后缺边少角，影响产品完整和感观标准。耳块形采用6厘米×4厘米×1厘米，块重25克。

(5)固形干燥 成型后的压缩块极易反弹，可用铁件制成的固形夹将其夹紧后送入干燥室，温度控制在40℃左右保持10小时。干燥后即可保证形状不变，此时可松开散放在干燥筛上继续干燥，即为成品。

(6)包装入库 选块形完整、表面光亮的压缩块，先用无毒塑料膜包装，再装入精美的小纸盒。一般每10小块为1盒包装，中包装后再用热收缩膜包装。经包装后可有效防潮和防杂菌。最后装入瓦楞纸箱，每箱定量10千克，用胶带密封箱口即可入库。

(7)产品检测 压缩品具有本品种应有的色泽、香气与滋味，无异味，块形完整，表面光滑，结构紧密。含水量≤13%。具有本品应有的营养成分。卫生指标应符合GB7096-2003干食用菌卫生标准。保质期为3年。

压缩银耳产品打开包装，取出适量的耳块放入容器中，加适量的温水浸泡3～5分钟，每块25克可泡发300克银耳，可凉拌或做西式沙拉，又可烹饪成中式传统菜肴的主料或配料。

2. 银耳罐头生产工艺

银耳是食品加工业的一种好原料。我国民间历来习惯将莲子、银耳、红枣作为滋补品。将“三者合一”加工成银耳罐头，不仅营养丰富，而且色、香、味俱佳。其工艺流程如下。

银耳→浸泡→修剪→清洗→沥干
捅心莲子→粒选→清洗→沥干
空罐→清洗→热水冲洗→倒置
→装罐→加红枣→注糖汁→封口→杀菌→冷却→擦罐入库

具体技术要点如下。

(1)容器准备 选用瓶口平正(可与瓶盖密合)，瓶壁厚薄均匀的300毫升四旋玻璃瓶。先用40℃～50℃温水浸洗5～

10分钟，再用清水冲洗至瓶壁光洁，最后用90℃～100℃热水冲洗空罐，倒置备用。

(2)原料预处理 选优质捅心莲子，按每100罐1千克备料，粒选后清洗，沥干备用。优质小粒红枣，按每100罐1千克备料，用温水浸泡3～5小时，清水淘洗，沥干备用。选用色泽自然、复水性好的银耳，按每100罐500克干银耳，提前浸泡4～6小时，剪去耳蒂，掐碎，洗净，沥干备用。糖液含糖16.6%～20%，含柠檬酸0.1%～0.15%。冰糖或精制白糖均可。按100罐用25升糖液备料。沸水配制，4层纱布过滤，水浴保温备用。

(3)制罐 每罐装湿耳80克，红枣80克，莲子8克，加满糖液。采用加热排气封口时，罐中心温度为75℃～85℃。真空封口时，真空封罐机应保持0.05真空度。杀菌可按杀菌式5℃～55℃反压冷却/105℃操作。家庭可用压力锅保压20分钟，或常压100℃水煮杀菌60分钟均可。然后进入冷却。工厂采用反压冷却，可使罐温迅速降至40℃。家庭制罐可采用分段冷却法或自然冷却法，使罐温缓慢降至室温。然后擦干或利用余热干燥罐表水分。入库的罐头应逐瓶检查，并抽样送检。

3. 银耳保健饮料生产工艺

银耳保健饮料工艺流程：

原料选择→浸泡→提液→调制→装瓶→消毒→成品

具体制作方法如下。

(1)选料 选择无霉变、无泥沙杂质的银耳干品。

(2)浸泡 用冷水将银耳浸泡12小时以上，使银耳充分吸水泡发。用流动的清水，将泡发的银耳清洗，除去泥沙、杂质和霉变的银耳。

(3)提液 将洗净的银耳放入不锈钢夹层锅中，加热至120℃～127℃煮30～60分钟，过滤提取液汁。再把银耳残渣加水，连续提取4次，将1～4次液汁混合。其废渣可作饲料。

(4)配制 将混合提取液加适量蜂蜜、冰糖、调味剂、香料、强化剂、防腐剂等(冰糖要先溶化后加入)，在一定的温度下搅拌混合。

(5)装瓶 将消毒后的瓶子，装入饮料，加盖密封后在112℃下持续灭菌20分钟，取出冷却，检验，贴标后出厂。

4. 雪花银耳茶生产工艺

雪花银耳茶，开水一泡即现晶莹剔透的雪花，清甜爽口，是夏令旅游消暑佳品。

其生产工艺流程：

原料泡发→去蒂分朵→硬化处理→清水漂洗→糖液煮制→裹上糖衣→称重包装→成品检验

具体制作方法。

(1)选料漂洗 选择当年产、色乳白或淡黄色、无病虫斑点、无霉变的未经熏硫的优质干银耳。白砂糖用钢磨磨成80～100目的糖粉。将干银耳用清水浸泡3～4小时，料水比为1∶15～20，浸至银耳充分发透，并漂洗干净。

(2)分朵硬化 用不锈钢尖刀去除银耳基部的硬蒂，再用双手掰成大小均匀的小朵。然后将预处理好的小朵银耳，置于饱和石灰水的上清液中浸泡20分钟，捞出后用流动清水漂洗，直至灰汁漂尽为止。

(3)煮制糖液 配制55%的白糖水溶液，并加入0.1%柠檬酸，置不锈钢夹层锅中，再将经硬化处理的银耳放入锅中煮沸 15 分钟后，加入适量的白砂糖，搅匀后用糖度计测糖度，如此反复煮 1 时左右，糖水浓度达 65%不再下降时出锅。

(4)上衣包装 银耳煮制好起锅后，冷至 50℃～60℃时，撒上事先用钢磨磨细、过 80～100 目筛的优质白砂糖粉，混和拌匀。上糖衣后，即可将银耳称重，用无毒塑料袋进行小包装，密封保存。

(5)成品检测 雪花银耳茶成品呈白色或乳白色，形似冰花，朵形大小较一致。具有银耳风味，无异味，无外来杂质。成品糖度 65%～70%，含水量 14%～17%。致病菌不得检出。符合国家食品商业卫生标准。

5. 银耳多糖生产工艺

银耳多糖已广泛应用于免疫性缺陷病、肿瘤和各种慢性病的临床治疗，效果良好，因此成为功能型食品和生物药品领域发展的重要药源，也是银耳精深加工发展的必然趋势。银耳多糖提取方法，分为子实体萃取和液深层发酵 2 种。这里介绍子实体萃取多糖工艺。

第一，基本设备。QF 9Z—35A 爪式粉碎机，TDS 700 型蒸煮锅，T250、T40 型蒸发回收罐，20 型压榨脱水机，GL—12 型高速离心喷雾干燥机组，XZS 系列振动分离机，FG 160G 型高速研磨机，WSZ—300 型真空泵。

第二，工艺流程。

清洗去杂→温水浸泡→机械捣碎→热水浸泡(渣再浸提 1 次)→滤液浓缩→醇沉离心→精品酶解→脱色层析→醇液过滤→湿品层滤→滤液浓缩→醇沉过滤→低温干燥→成品包装

具体操作技术要点如下。

(1)浸泡粉碎 选择无虫蛀、无霉变的银耳干品为原料，剪去硬蒂，洗净去杂，用温水泡发后，通过粉碎机捣制成米粒大小颗粒。

(2)水煮滤液 菌发多糖属于水溶性，易溶解于热水中。先将粉碎的子实体颗粒放入不锈钢锅中，再加入8～10倍量的清水，煮沸浸提1小时，使子实体的多糖溶于水中，有必要时可浸提2次。然后将上述煮浸提液，用4层纱布过滤或用离心机分离，去残渣后取出滤液备用。如用水煮2次，则将2次分离液合并在一起备用。

(3)加热浓缩 子实体水煮一般数量较大，多糖的含量较低，因此需要进行浓缩。目前浓缩的方法主要有加热法、真空法和真空浓缩法3种。这3种方法中，前1种浓缩时间较长，效率较低，但不需专门设备；后2种浓缩时间短，效率高，但需真空浓缩设备。小量生产者目前主要采用加热法浓缩。方法是将水提取液加热至100℃，不断搅动使其蒸腾，导致水提液中的多糖浓度逐步增大。当浓缩至原液的1/3左右时，即止浓缩。

(4)醇沉离心 先将浓缩液放在不锈钢桶内，然后加入浓缩液3倍量的酒精，使溶液的酒精浓度为73%左右。加酒精时应一边搅动，一边加入，使多糖能在均匀的酒精浓度下进行沉淀。酒精加入搅拌均匀后，应让其静置，促使多糖尽快下沉。当絮状物的多糖全部沉淀后，可用虹吸管小心吸去上清液；再将沉淀物过滤，或用离心法将沉淀物分离出来。

(5)干燥粉碎 经上述分离出的沉淀物，即为银耳多糖，摊放于搪瓷盘中，使其成一薄层，然后放入鼓风干燥箱内，在65℃条件下进行干燥，或放入真空干燥箱内进行真空干燥。干燥后的银耳多糖为结块状，应将其放入粉碎机中粉碎，然后经60目过筛后，即为多糖。按市场需要的数量装袋、瓶装封口或装成胶囊及小包装即为商品。

(四)银耳产品质量标准

1. 银耳干品分级标准

随着银耳生产方式的改变,产品也发生较大变化,原有的银耳标准已不适应新要求。因此,国家农业部 2004 年 8 月 25 日发布 NY/T 834—2004《中华人民共和国农业行业银耳标准》。下面介绍新制定的银耳标准,见表 8-1,表 8-2,表 8-3。

表 8-1 片状银耳和朵形银耳的感观要求

项 目	要求					
	片状银耳			朵形银耳		
级 别	特 级	一 级	二 级	特 级	一 级	二 级
形 状	单片或连片疏松状,带少许耳基			呈自然近圆朵形、耳片疏松,带有少许耳基		
色 泽	耳片半透明有光泽			耳片半透明有光泽		
	白	较白	黄	白	较白	黄
气 味	无异味或有微酸味			无异味或有微酸味		
碎耳片(%)	≤0.5	≤1.0	≤2.0	≤0.5	≤1.0	≤2.0
拳耳(%)	0		≤0.5	0		≤0.5
一般杂质(%)	0		≤0.5	0		≤0.5
虫蛀耳(%)	0		≤0.5	0		≤0.5
霉变耳	0			0		
有害杂质	0			0		

注:碎耳片指直径≤0.5 毫米的银耳碎片(下同)

表 8-2　干整银耳的感观要求

项　目	要　求		
	特　级	一　级	二　级
形　状	呈自然近圆朵形、耳片较密实、带有耳基		
色　泽	耳片半透明，耳基呈橙黄色、橙色或污白色		
	乳白色	淡黄色	黄色
气　味	无异味或微酸味		
碎耳片(%)	≤1.0	≤2.0	≤4.0
一般杂质(%)	0	≤0.5	≤1.0
虫蛀耳(%)	0		≤0.5
霉变耳	0		
有害杂质	0		

表 8-3　银耳的理化要求

项　目		指　标		
		特　级	一　级	二　级
片状银耳	干湿比	≤1∶8.5	≤1∶8.0	≤1∶7.0
	朵片大小长×宽．厘米	≥3.5×1.5	≥3.0×1.2	≥2.0×1.0
朵形银耳	干湿比	≤1∶8.0	≤1∶7.5	≤1∶6.5
	直径．厘米	≥6.0	≥4.5	≥3.0
干整银耳	干湿比	≤1∶7.5	≤1∶7.0	≤1∶6.0
	直径．厘米	≥5.0	≥4.0	≥2.5
水分(%)		≤1.5		
粗蛋白质(%)		≥6.0		
粗纤维(%)		≤5.0		
灰分(%)		≤8.0		

2. 银耳产品卫生标准

银耳产品包括干品和罐头制品等加工产品。

(1)银耳干品卫生标准 应符合 NY/T 834—2004 规定指标，见表 8-4。

8-4 银耳干品卫生要求

项 目	要 求
砷(以 As 计) 毫克/千克	≤1.0
汞(以 Hg 计) 毫克/千克	≤0.2
铅(以 Pb 计) 毫克/千克	≤2.0
镉(以 cd 计) 毫克/千克	≤0.1
氯氰菊酯 毫克/千克	≤0.05
溴氰菊酯 毫克/千克	≤0.01
亚硫酸盐(以 SO_2 计) 毫克/千克	≤400.0

注：以 SO_2 计即以二氧化硫量计算

(2)银耳罐头卫生标准 应按 GB 7098—2003《食用菌罐头卫生标准》，见表 8-5。

表 8-5 食用菌罐头卫生标准

项 目	指 标
锡(Sn)(毫克/千克)	≤250
铅(Pb)(毫克/千克)	≤1.0
总砷(以 As 计)(毫克/千克)	≤0.5
总汞(以 Hg 计)(毫克/千克)	≤0.1
米酵菌酸/(毫克/千克)	≤0.25
六六六/(毫克/千克)	≤0.1
DDT/(毫克/千克)	≤0.1

注：微生物指标应符合罐头食品商业无菌的规定

(3)绿色食品农药残留限量标准 银耳绿色标准应符合国家农业部NY/T 749—2003《绿色食品 食用菌》标准规定的农药残留最大限量指标，见表8-6。

表8-6 绿色食品银耳农药残留最大限量标准

项 目	指 标
氯氰菊酯	≤0.05
溴氰菊酯	≤0.01
敌敌畏	≤0.1
百菌清	≤1.0
多菌灵	≤1.0

(五)银耳产品质量安全认证

银耳产品质量安全认证，分为无公害食品、绿色食品和有机食品3种类型。无公害产品是基础，绿色产品是无公害产品的升级，有机产品是安全质量的顶峰。3个类型的产品形成金字塔一样。三品认证的要求条件不同，但贯穿中心目的只有一个是食品安全。

1. 产品区别对照

为了便于加工企业更好地掌握无公害、绿色、有机食用菌的生产和产品，特列表对照，见表8-7。

表 8-7　3 个不同类型食用菌生产及产品对照表

项　目	无公害	绿　色	有　机
概念意义	在无公害条件控制下产出的优质产品，其质量安全符合国家强制性标准和法规的优质产品及初加工品	遵循可持续发展原则，按照特定生产环境和生产方式，产出的无污染安全优质产品	回归自然，按照自然法则和有机农业措施及相应标准要求，产出的无污染、无残留、无毒无害优质营养型的产品
生产方式	按无公害生产技术规定生产，全程进行安全生产条件约束和控制	按绿色食品生产技术规程进行生产，按许可使用的原辅材料和添加剂限量使用限定的化学合成物品	按有机食品农业生产要求标准和关键技术进行全程监控。禁止使用化学合成物质及转基因原料和种质
产地条件	1. 栽培场地环境卫生要求 2. 菇棚设施要求 3. 空气质量要求 4. 土壤质量要求 5. 病虫害综合防治要求		
法规标准	按 GB/T 1840.7—1—2001《农产品安全质量，无公害蔬菜产地环境要求》，NY 5099—2002《无公害食品 食用菌栽培基质安全技术要求》	按 NY/T 391—392—393—394《绿色食品、产地环境技术要求、食品添加剂使用准则、农药使用准则、化肥使用准则》4 项标准执行	按有机（天然）农产品生产技术规范 J/T80—2001《有机食品技术规程》和《有机农业转变技术规范》标准执行

续表 8-7

项目	无公害	绿色	有机
质量认证	由省无公害农产品管理与认证部门审批	由国家农业部绿色食品发展中心审批	由国家环保总局有机食品发展中心(OFDC)审批
产品标识	无公害食品标准	绿色食品标志	有机(天然)食品标志
产品标准	按 NY 5095—2002《无公害食品 食用菌》和 GB7096—2003《食用菌卫生标准》执行	按 NY/T 749—2003《绿色食品 食用菌》, GB 7096—2003《食用菌卫生标准》执行	按 FOAM《有机食品生产与加工基本标准》和 OFDC《有机食品认证标准》执行
市场准入	国内大中小城市农贸市场,一般农产品商场	国内外大中城市的超市和农产品商场	出口经济发达国家和国内大城市超市和特殊商场

2. 申请认证提交材料

(1)无公害产品 申请产品认证的单位和个人应提交下列材料①《无公害农产品认证申请书》。②无公害农产品产地认定证书。③本地《环境检验报告》和《环境评价报告》。④产区区域范围,生产规模。⑤无公害农产品的生产计划。⑥无公害农产品质量控制措施。⑦无公害农产品生产操作规程。⑧专业技术人员的资质证明。⑨保证执行无公害农产品标准和规范的声明。⑩无公害农产品有关培训情况和计划。⑪申请认证产品的生产过程记录档案。⑫"公司加农户"形式的申请人,应当提供公司加农户签订的购销合同范本,农户名单以及管理措施。

以上12项材料通过省、自治区、直辖市人民政府农业行政主管部门或直接向国家农业部产品质量安全中心申请产品认证。

(2)绿色食品 申请绿色食品认证应提供以下材料:①企业的申请报告。②《绿色食品标志使用申请书》(一式两份)。③《企业及生产情况调查表》。④《农业环境质量监测报告》及《农业环境质量现状评价报告》。⑤省委托管理机构考察报告及《企业情况调查表》。⑥产品执行标准。⑦产品及产品原料种植(养殖)技术规程,加工技术规程。⑧企业营业执照(复印件),商标注册(复印件)。⑨企业质量管理手册。⑩加工产品的现用包装样式及产品标签。⑪原料购销合同(原件,购销发票复印件)。

(3)有机食品 有机食用菌生产应按照国际OCIA制定的《OCIA有机食品颁证标准》(1994)和《中国有机(天然)食品标准》(1995)和有机食品技术规范基本要求,申请认证时提供以下材料:①向有机食品认证机构提出书面认证申请,并提供营业执照或证明其合法经营的其他资质证明。②有机食品生产基地认证的,还须提交基地环境质量状况报告及有机食品技术规范中规定的其他相关文件。③申请有机食品加工认证的,还须提交加工原料为有机食品的证明、产品执行标准、加工工艺(流程、程序)、市(地)级以上环境保护行政主管部门出具的加工企业污染物排放状况和达标证明,以及有机食品技术规范中规定的其他相关文件。④申请有机食品贸易的,还须提交贸易产品来源有机食品的证明及有机食品技术规范中规定的其他相关文件。

3. 申请认证程序

不同类型的产品申请认证，均通过一定程序。这里例举绿色食品认证程序，见图 8-1。

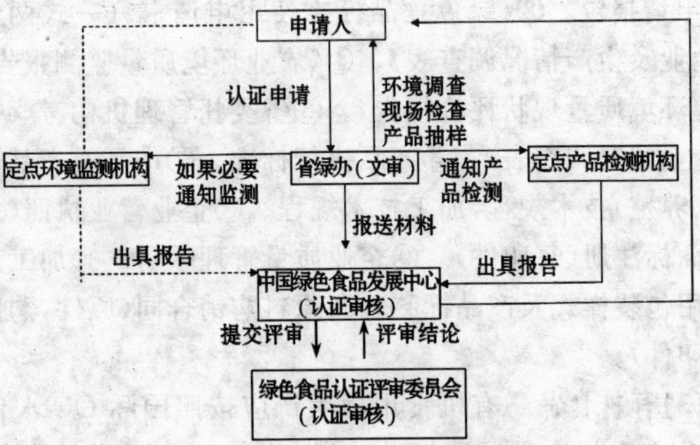

图 8-1 绿色食品认证程序

九、银耳产业化经营产品市场营销

产品市场营销，是银耳产业化经营中的最后1个环节。在市场经济深入发展的今天，流通决定生产，产品市场打开了，货畅其流，卖好价，有力促进银耳生产可持续发展。因此，在整个产业化经营中属于产后至关重要的一环，不可掉以轻心。

（一）市场营销含义

“市场营销”一词译自英文“marketing”。其含义两层，一是指整套的经济活动，二是指一门学科。市场营销分为宏观市场和微观市场。宏观市场是指一个国家或一省、一个地区的经济活动；微观市场营销也就是指企业在瞬息变化的市场环境中，如何适应环境变化，开展营销活动。

（二）产品市场定位

现有银耳产品市场去向，90％为国内市场，10％出口贸易。因此，市场销售定位，应面向国内13亿人口的大市场，同时积极开拓国外市场。而出口贸易流通形式：一是经销商在农产品批发市场收购，分级包装后，集成货柜运往港口；二是经销商委托经纪人，产地收购分装直运港口，减少中间环节。下面主要介绍内销市场营销网络。

1. 农产品批发市场

国内大中城市均有农产品批发专业市场。北京市中央农产品批发市场开辟“食用菌批发一条街”。广州市一德路农产品批发市场，秋、冬季银耳日交易量高峰日达 360 吨，此外二级市场（地、市），三级市场（县级）均有食用菌交易处。深圳市在中村开设食用菌专业市场，不仅市内零售商在此进货，而且每日香港经销商进市调货（咨询电话 0755－25430223）。福建古田县食用菌批发市场，建有 3000 平方米产品交易大厅，日人流量 5000 多人次，古田银耳相当部分通过这里交易，运往全国各地。被国家农业部列为全国定点市场（咨询电话：0593－3816016）。山东滕州市蔬菜批发市场，每逢元旦、春节前，日吞吐量 80～100 吨，产品辐射周边省、市的经销商。

2. 超市连锁店

大中城市的超市形成集团连锁，直接与产地建立供货关系，实行订单农业。按照指定日供货量、质量和包装的要求，进行直接挂钩供货。

3. 物流配送中心

物流配送中心是近年来新兴的一个农产品流通网络，主要面向饮食行业、宾馆、酒楼及厂矿、机关、医院、学校的食堂。

4. 食杂商店

城市一般食品杂货商店都经营银耳，此外农贸市场摊柜亦售银耳。

5. 电子网络交易

这是一种现代产品营销方式，网上交易注意调查对方资讯、信誉，一般强调款到发货。应加以警惕，以免受骗。下面介绍几个电子网络：

中国食用菌商务网：www. chinamushroom. net

中国食用菌信息网：www. cef. com. cn

中华农林土畜贸易网：www. agriffchina. com

深圳中村食用菌专业市场：www. szshiyongjun. com

中国古田食用菌信息网：www. GTSYJ. net

（三）产品市场准入条件

国家商务部 2007 年 1 号文件公布《流通领域食品安全管理办法》（2007 年 5 月 1 日起实施）。《办法》第七条第一款中规定“协议准入制度”指出：市场应与入市经销商签订食品安全保证协议，明确安全责任，建立直供关系。产品市场准入条件，分为国际市场准入条件和国内市场准入条件两方面。

1. 国际市场准入条件

出口银耳产品国际市场准入条件，主要有以下 3 项内容。

（1）内在品质 制成品应符合国际市场的安全卫生要求，即 WTO 组织的 SPS（实施动植物卫生检疫措施协议）规定检测项目和卫生指标。

（2）外在品质 符合国际市场分类标准，即 WTO 组织的 TBT（贸易技术壁垒）有关规定标准。

（3）标识规范 标识要符合国际市场认可的，可追溯管理的标准要求。可追溯管理的核心内容,是规范化作业记录,要有专职的质保人员,对生产加工过程进行专职作业。

2. 国内市场准入制度

我国2001年建立了食品质量安全市场准入制度,并将食用菌与蔬菜等食品一样,实行市场准入制。这项制度包括3项内容。

(1)生产许可制度 要求生产加工企业具备原料进厂把关、生产设备、工艺流程、产品标准、检验设备与能力、环境条件、质量管理、贮藏运输、包装标识、生产人员等,保证产品质量安全的必备条件。取得生产许可证后,方可生产销售食用菌产品。

(2)强制检验制度 强制要求企业产品必须经检验合格,方能出厂销售。

(3)市场准入标志制度 要求企业对合格产品,加贴QS(质量安全)标志,对产品质量安全进行承诺。

(四)产品营销策略

1. 制定产品合理价格

产品定价是企业营销中一个很重要的策略。它直接关系到市场对产品的接受程度,影响着市场需求量。产品价格的高低涉及到生产者、经营者和消费者三方面的利益。因此,产品定价是企业市场营销策略中一个极为重要的组成部分。

随着市场经济深入发展,作为企业自主经营、自负盈亏的独立法人,享有定价权力。银耳产品定价要求恰当,价格定高了，客户或消费者不买；价格定低了，影响企业经济效益。所以，企业要研究定价策略，制定出客户或消费者都能接受的合理价格。

2. 努力营造品牌优势

现代消费市场品牌意识很强，同样的产品，同样的包装方式，但品牌不同，产品价格相差几倍，明显带来了品牌效益。品牌产品质量安全卫生要有保证，产品分级明显，外观整齐，这是关键点；同时，讲究包装精美，富有吸引力。品牌、商标的设计，必须符合国家商标法规规定的要求，构思新颖，造型美观，语言文字简捷，独具特色，寓意深刻，艺术性强，与其他商标有明显的区别，在所有商标中独树一帜。适应民众视觉要求，给消费者留下好的印象和深刻的记忆，从而增强对产品和企业的信任感。

3. 积极开展促销活动

促进销售，简称促销，是指企业通过人员或非人员的方式，传递产品信息，帮助或说服顾客购买本厂的产品；或使顾客对产品产生好感和信任的一种营销活动。它与产品策略、价格策略、销售渠道策略同等重要，是企业经济活动的基础，通过有效的促销手段，才能搞活产品市场。

银耳产品的促销方式，主要采取3种手段。

(1)推的策略　企业通过人员把产品推进目标市场。也就是推向批发商，批发商又推向零售商，零售商再推向消费者，层层做进货或购买工作。

(2)拉的策略　企业运用报纸、杂志、广播、电视、广告牌等媒体，向广大消费者介绍本厂产品质量、性能、食用方法及产品声誉等引起广大民众关注，刺激拉动消费，扩大销售。

(3)促的策略 企业积极参与各种展销会、订货会、交易会、博览会等活动，让产品与更多客户见面，订货选购。如每年春、秋两季，在广州举办的中国出口商品交易会和厦门海峡两岸经贸洽谈会等，这是产品推向世界市场的好平台；还可采取邀请有关经销商来厂参观、考察，争取更多人认识自己的产品，从而达到促销目的。

附录　食用菌生产成套机械设备

食用菌生产成套机械设备见附表。

附表　食用菌生产成套机械设备

品　名	型号及规格	单　位	参考价（元）	产品说明	产　量（千克/小时）	备　注
切碎机	MX32420	台	1450	菇木一次性加工成屑，配15千瓦电机或柴油机	800	钢制刀盘不带动力
	MX34530	台	2500	菇木一次性加工成屑，配22千瓦电机或柴油机	1800	钢制刀盘不带动力
	MX32600	台	5800	菇木一次性加工成屑，配40千瓦电机或柴油机	4000	钢制刀盘不带动力
削片机	MX-24750	台	6800	竹木原料切削加工，配132～160千瓦电机	5000	钢制刀盘不带动力
	MX-241200	台	28000	竹木原料切削加工，配75～90千瓦电机	12000	钢制刀盘不带动力
鼓式削片机	MXB214	台	42000	竹、芦苇、木材板皮下脚料加工，配22千瓦电机	3500	带动力、带输送、二刀片
	MXB215	台	48000	竹、芦苇、木材板皮下脚料加工，配37千瓦电机	5000	带动力、带输送、二刀片

续附表

品名	型号及规格	单位	参考价(元)	产品说明	产量(千克/小时)	备注
粉碎机	MF400	台	1500	木片、芦苇、豆秸、棉花秆等粉碎，配15千瓦电机或柴油机	200	不带动力
	MF500	台	2500	木片、芦苇、豆秸、棉花秆等粉碎，配15千瓦电机或柴油机	400	不带动力
双筛细粉	MF-450	台	3800	木片、芦苇、豆秸、棉花秆等粉碎，配22～30千瓦电机或柴油机	200～300	不带动力
高压杀菌锅	WSG260	台	3500	菌种培养基灭菌，每次装260瓶		
	WSG330	台	4500	菌种培养基灭菌，每次装330瓶		
拌料机	WF70	台	4100	培养料搅拌用，配2.2千瓦电机	1000	不带电动机
	MXJ550	台	4600	自走式培养料堆料搅拌，配2.2千瓦电机	5000	不带电动机

续附表

品 名	型号及规格	单 位	参考价(元)	产品说明	产 量(千克/小时)	备 注
装袋机	WD66	台	310	金耳、银耳专用装袋,配1.1千瓦电机	800袋	不带电动机
	WD90	台	410	香菇专用装袋,配1.1千瓦电机	800袋	不带电动机
	WD120	台	350	平菇、毛木耳专用装袋,配1.5千瓦电机	800袋	不带电动机
多用装袋机	WP	台	2000	适用多种菇耳、不同规格袋径的装料,配1.5千瓦电机配套筒12、15、17、20、22、24各1付	800袋	带电机
磨刀机	MXD450型	台	1500	适用于各种型号切片机、切碎机刀片磨削		配1.5千瓦砂轮机
自动磨刀机	MXD-700型	台	6200	适用于各种型号切片机、切碎机刀片磨削		配1.5千瓦电机
劈木机	MXP-211000	台	26000	结构简单、坚固耐用,安装使用简易,安全可靠,劈材效率高,代替带锯的理想产品。	3000～8000	高压泵电机功率15千瓦

生产厂家:福建省古田县城关闽武机械厂。咨询专家:许建武　手机:13706027229

地址:古田县莲桥工业区喉咙际片区　邮编:352200　电话:0593－3886053　传真:0593－3838535

网址: http://mingw53535.cn.alibaba.com　邮箱: mingw123@126.com 邮编:352200